Talianska kuchyňa 2023

Od jednoduchých jedál po špeciálne príležitosti

Lucia Rossi

OBSAH

Cuketa plnená tuniakom 7

Vyprážaná cuketa 10

Cuketové plátky 12

Sladko-kyslá zimná tekvica 14

Grilovaná zelenina 16

Pečená zimná koreňová zelenina 18

Letný zeleninový guláš 20

Vrstvený zeleninový kastról 23

Domáci chlieb 28

Bylinkový chlieb 30

Syrový chlieb v štýle Marches 33

Zlaté kukuričné rolky 36

Čierny olivový chlieb 39

Stromboli chlieb 42

Orechový syrový chlieb 45

Paradajkové rolky 48

Country Brioche 51

Sardínsky hudobno-papierový chlieb 54

Chlieb z červenej cibule 57

Flatbread z bieleho vína 60

Plochý chlieb zo sušených paradajok 63

Rímsky zemiakový chlieb 66

Mriežkové chleby z Emilia-Romagna 69

Tyčinky 72

Fenikelové krúžky 75

Krúžky z mandlí a čierneho korenia 78

Domáca pizza 81

Cesto na pizzu v neapolskom štýle 84

Pizza s mozzarellou, paradajkami a bazalkou 87

Pizza s paradajkami, cesnakom a oreganom 89

Pizza s lesnými hubami 91

Calzoni 93

Sardelové lievance 96

Obrat paradajok a syrov 99

Veľkonočný koláč 101

Torte zo sicílskeho mečúňa 105

Zelený cibuľový koláč 109

Maslové krúžky 112

Citrónové uzly 114

Spice Cookies 117

Oblátkové sušienky 119

Sladké ravioli 122

"Škaredé, ale dobré" sušienky 125

Jam Spots 127

Orieškové sušienky s dvojitou čokoládou 129

Čokoládové bozky 132

Nepečená čokoláda "Salame" 135

Sušienky Prato 137

Ovocné a orechové biscotti z Umbrie 139

Citrónové sušienky 142

Orechové biscotti 144

Mandľové makrónky 146

Makrónky z píniových orieškov 149

Orieškové tyčinky 151

Sušienky z orechového masla 153

Rainbow Cookies 155

Vianočné figové sušienky 159

Mandľový krehký 163

Rolky zo sicílskych orechov 165

Piškóta 168

Citrusová piškóta 170

Citrónovo-olivovo-olejová torta 173

Mramorová torta 175

Rumový koláč 178

Babičkin koláč 181

Marhuľový mandľový koláč 185

Letná ovocná torta 188

Jesenná ovocná torta 190

Polenta a hruškový koláč 192

Ricottový tvarohový koláč 195

Sicílsky koláč Ricotta 197

Ricottový drobčekový koláč 201

Veľkonočná pšenično-bobuľová torta 204

Čokoládová oriešková torta 208

Čokoládová mandľová torta 212

Čokoládová pomarančová torta 215

Cuketa plnená tuniakom

Cuketa al Tonno

Vyrába 6 porcií

Mal som ich ako predjedlo vo vidieckej reštaurácii v Toskánsku. Často ich podávam ako hlavné jedlo so zeleným šalátom.

2 krajce denného talianskeho alebo francúzskeho chleba, zbavené kôrky (asi 1/3 šálky chleba)

1/2 šálky mlieka

6 malých cukiet, orezaných

1 (6 1/2-unca) konzerva tuniaka baleného v olivovom oleji

1/4 šálky čerstvo nastrúhaného Parmigiano-Reggiano plus 2 polievkové lyžice

1 strúčik cesnaku, nasekaný nadrobno

2 polievkové lyžice jemne nasekanej čerstvej plochej petržlenovej vňate

Čerstvo nastrúhaný muškátový oriešok

Soľ a čerstvo mleté čierne korenie

1 veľké vajce, zľahka rozšľahané

1. Umiestnite stojan do stredu rúry. Predhrejte rúru na 425 ° F. Naolejujte plech na pečenie, ktorý je dostatočne veľký, aby sa do neho zmestili polovice cukety v jednej vrstve.

2. Chlieb pokvapkáme mliekom a necháme nakysnúť do zmäknutia. Cuketu vydrhnite kefkou pod tečúcou studenou vodou. Odstrihnite konce.

3. Cuketu prekrojíme pozdĺžne na polovicu. Malou lyžičkou vydlabte dužinu, nechajte 1/4-palcovú škrupinu a dužinu odložte nabok. Na pripravenú panvicu poukladajte škrupinky z cukety reznou stranou nahor. Nakrájajte dužinu z cukety a vložte ju do misy.

4. Tuniaka sceďte, olej si nechajte. Tuniaka roztlačte vo veľkej mise. Vytlačte chlieb a pridajte ho k tuniakovi spolu s nasekanou dužinou z cukety, 1/4 šálky syra, cesnakom, petržlenovou vňaťou, muškátovým orieškom a soľou a korením podľa chuti. Dobre premiešajte. Vmiešame vajíčko.

5. Lyžicou vložíme zmes do šupiek z cukety. Umiestnite cuketu do pekáča. Pokvapkajte trochou rezervovaného tuniakového oleja. Posypeme zvyšným syrom. Okolo cukety nalejte 1/2 šálky vody.

6. Pečte 30 až 40 minút, alebo kým cuketa po prepichnutí nožom nezhnedne a nezmäkne. Podávajte teplé alebo pri izbovej teplote.

Vyprážaná cuketa

Cuketové fritte

Vyrába 6 porcií

Pivo dáva tomuto cesto dobrú chuť a farbu, zatiaľ čo bublinky ho odľahčujú. Cesto je tiež dobré na vyprážanie rýb, cibuľových krúžkov a inej zeleniny.

6 malých cukiet

1 šálka viacúčelovej múky

2 veľké vajcia

¼ šálky piva

Rastlinný olej na vyprážanie

Soľ

1. Cuketu vydrhnite kefkou pod tečúcou studenou vodou. Odstrihnite konce. Cuketu nakrájajte na 2 × 1/4 × 1/4-palcové pásiky.

2. Rozložte múku na list voskového papiera. V stredne plytkej miske vyšľaháme vajíčka do peny. Primiešame pivo, kým sa dobre nerozmieša.

3. Nalejte asi 2 palce oleja do hlbokej ťažkej panvice alebo do fritézy podľa pokynov výrobcu. Olej zahrievajte na strednom ohni, kým kvapka vaječnej zmesi po pridaní na panvicu nezasyčí a teplota na teplomere na vyprážanie nedosiahne 370 ° F.

4. Približne jednu štvrtinu cuketových prúžkov nastrúhajte v múke a potom ich ponorte do vaječnej zmesi.

5. Cuketu prichytíme kliešťami, necháme odkvapkať prebytočné cesto a potom cuketu po jednom vložíme do oleja. Pridajte len toľko, koľko sa zmestí bez preplnenia. Smažte cuketu do chrumkava a do zlatohneda, asi 2 minúty. Cuketu vyberieme dierovanou lyžicou. Nechajte odkvapkať na papierových utierkach. Uchovávajte v teple v nízkej rúre a zvyšok vyprážajte.

6. Posypeme soľou a podávame horúce.

Cuketové plátky

Formát cukety

Vyrába 6 porcií

Na výrobu týchto jemných koláčikov budete potrebovať šesť malých hrnčekov alebo pohárov odolných voči rúre. Podávame ich ako prílohu k pečienkam alebo so šunkou na jarný brunch. Zvyčajne ich nechám minútu alebo dve odležať a potom ich vyformujem, ale ak ich podávate priamo z rúry, kým sú ešte nafúknuté, je z nich jemné suflé ako prvý chod. Poponáhľajte sa však; rýchlo sa potápajú.

Cuketu môžete nahradiť brokolicou, špargľou, mrkvou alebo inou zeleninou.

1 lyžica nesoleného masla, rozpusteného

3 stredné cukety, nakrájané na hrubé plátky

4 veľké vajcia, oddelené

½ šálky strúhaného Parmigiano-Reggiano

Štipka soli

Štipka mletého muškátového orieška

1. Cuketu vydrhnite kefkou pod tečúcou studenou vodou. Odstrihnite konce.

2. Umiestnite stojan do stredu rúry. Predhrejte rúru na 350 ° F. Roztopeným maslom bohato potrite šesť 4-uncových ramekinov alebo pohárov na puding do rúry.

3. Veľký hrniec s vodou priveďte do varu. Pridajte cuketu a priveďte do varu. Varte 1 minútu. Cuketu dobre scedíme. Kúsky osušte papierovými utierkami. Nechajte cuketu prejsť mlynčekom alebo rozmixujte v robote, kým nebude hladká. Presuňte cuketové pyré do veľkej misy.

4. Pridajte vaječné žĺtky, parmezán, soľ a muškátový oriešok k cukete a dobre premiešajte.

5. Vo veľkej mise elektrickým mixérom vyšľaháme bielka, kým pri zdvihnutí šľahača nezostanú mäkké. Gumenou stierkou jemne vmiešame bielky do cuketovej zmesi.

6. Nalejte zmes do pohárov. Pečte 15 až 20 minút alebo kým nie sú vrchy jemne hnedé a nôž vložený blízko stredu nevyjde čistý. Vyberte poháre z rúry. Nechajte 2 minúty odpočívať, potom prebehnite malým nožom po vnútornej strane pohárov a prevráťte koláče na tanier.

Sladko-kyslá zimná tekvica

Fegato dei Sette Cannoli

Sicílsky názov pre túto tekvicu je „pečeň siedmich kanónov". Štvrť Seven Cannons v Palerme, pomenovaná po slávnej fontáne a pamätníku, bola kedysi taká chudobná, že si jej obyvatelia nemohli dovoliť mäso. V tomto recepte nahradili tekvicu, ktorá sa zvyčajne pripravuje s pečeňou. Môže byť tiež s plátkami cukety, mrkvy alebo baklažánu.

Plánujte to urobiť aspoň jeden deň pred podávaním, pretože chuť sa zlepšuje, keď stojí. Vydrží dobre niekoľko dní.

Hoci Sicílčania zvyčajne vyprážajú tekvicu, ja ju radšej pečiem. Je to dobré aj ako predjedlo.

1 malý oriešok, žaluď alebo inú zimnú tekvicu alebo tekvicu nakrájanú na plátky hrubé 1/4 palca

Olivový olej

1/3 šálky červeného vínneho octu

1 lyžica cukru

Soľ

2 strúčiky cesnaku, veľmi jemne nakrájané

⅓ šálky nasekanej čerstvej petržlenovej vňate alebo mäty

1. Tekvicu opláchnite a osušte. Konce odrežte veľkým ťažkým kuchárskym nožom. Šupku ošúpeme škrabkou na zeleninu. Tekvicu prekrojíme na polovicu a vyberieme semienka. Nakrájajte tekvicu na 1/4-palcové hrubé plátky. Predhrejte rúru na 400 ° F.

2. Plátky tekvice z oboch strán poriadne potrieme olejom. Plátky poukladajte na plechy na pečenie v jednej vrstve. Pečieme 20 minút alebo do zmäknutia. Plátky otočte a pečte ďalších 15 až 20 minút, alebo kým tekvica po prepichnutí nožom nezmäkne a jemne nezhnedne.

3. Medzitým zohrejte ocot, cukor a soľ podľa chuti v malom hrnci. Miešame, kým sa cukor a soľ nerozpustia.

4. Na tanieri alebo v plytkej miske poukladajte časť plátkov tekvice do jednej vrstvy, ktorá sa mierne prekrýva. Posypeme trochou cesnaku a petržlenovej vňate. Opakujte vrstvenie, kým nespotrebujete všetku tekvicu, cesnak a petržlenovú vňať. Všetko zalejeme octovou zmesou. Pred podávaním prikryte a dajte do chladničky aspoň 24 hodín.

Grilovaná zelenina

Zelenina alla Griglia

Vyrába 8 porcií

Grilovanie je jedným z najlepších spôsobov varenia zeleniny. Gril im dodáva dymovú chuť a značky grilu dodávajú vizuálnu príťažlivosť. Zeleninu nakrájajte na hrubé plátky alebo veľké kusy, aby neprepadla cez rošt do plameňov. Ak chcete, môžete ich pred podávaním obliecť zálievkou z oleja a octu.

1 stredný baklažán (asi 1 libra) nakrájaný na plátky hrubé 1/2 palca

Soľ

1 veľká červená alebo španielska cibuľa, nakrájaná na 1/2 palca hrubé plátky

4 veľké huby, ako je portabello, stonky odstránené

4 stredné paradajky, zbavené jadier a prekrojené priečne na polovice

2 veľké červené alebo žlté papriky, zbavené jadier, semená a nakrájané na štvrtiny

Olivový olej

Čerstvo mleté čierne korenie

6 lístkov čerstvej bazalky, natrhaných na kúsky

1. Orezajte vrchnú a spodnú časť baklažánov. Baklažán nakrájajte priečne na 1/2 palca hrubé plátky. Plátky baklažánu výdatne posypte soľou. Plátky vložíme do cedníka a necháme 30 minút odstáť na tanieri. Opláchnite soľ studenou vodou a plátky osušte papierovými utierkami.

2. Umiestnite gril alebo stojan na brojlery asi 5 palcov od zdroja tepla. Predhrejte gril alebo brojler.

3. Plátky zeleniny potrieme olivovým olejom a položíme ich naolejovanou stranou smerom k zdroju tepla. Varte, kým jemne nezhnedne, asi 5 minút. Plátky otočíme a potrieme olejom. Varte, kým nezhnedne a nezmäkne, asi 4 minúty. Zeleninu posypte soľou a korením.

4. Rozložte zeleninu na tanier. Pokvapkáme ďalším olejom a posypeme bazalkou. Podávajte horúce alebo pri izbovej teplote.

Pečená zimná koreňová zelenina

Verdure al Forno

Vyrába 6 porcií

Toto bolo inšpirované nádherne opečenou, pikantnou zeleninou, ktorá často sprevádza pečené mäso v severnom Taliansku. Ak vaša panvica nie je dostatočne veľká na to, aby udržala zeleninu v jednej vrstve, použite dve panvice.

2 stredné repy, olúpané a nakrájané na štvrtiny

2 stredné mrkvy, olúpané a nakrájané na 1 palec

2 stredné paštrnáky, olúpané a nakrájané na 1-palcové dĺžky

2 stredné univerzálne zemiaky nakrájané na štvrtiny

2 stredné cibule, nakrájané na štvrtiny

4 strúčiky cesnaku, olúpané

⅓ šálky olivového oleja

Soľ a čerstvo mleté čierne korenie

1. Umiestnite stojan do stredu rúry. Predhrejte rúru na 450 ° F. Zmiešajte nakrájanú zeleninu a strúčiky cesnaku vo veľkej pekáči. Zelenina by mala byť hlboká len jedna vrstva. V prípade potreby použite dve panvice, aby zelenina nebola preplnená. Zeleninu premiešajte s olejom a soľou a korením podľa chuti.

2. Zeleninu opekajte asi 1 hodinu 10 minút a otočte ju približne každých 15 minút, kým nezmäkne a nezhnedne.

3. Zeleninu preložíme do servírovacej misky. Podávajte horúce.

Letný zeleninový guláš

Ciambotta

Podáva 4 až 6

V lete chodím niekoľkokrát do týždňa na náš miestny farmársky trh. Rád sa rozprávam s farmármi a skúšam množstvo nezvyčajných produktov, ktoré predávajú. Nebyť trhu, som si istý, že by som nikdy neochutnal veci ako červená púpava, portulaka, jahňacie štvrtky a toľko inej zeleniny, ktorú v supermarketoch nenájdete. Bohužiaľ, často nakupujem príliš veľa. Vtedy robím ciambottu, juhotaliansky zeleninový guláš.

Táto konkrétna ciambotta je klasická, kombinácia baklažánu, papriky, zemiakov a paradajok. Je úžasný ako príloha alebo posypaný strúhaným syrom ako bezmäsité hlavné jedlo. Môžete ho jesť aj za studena natretý na toastovom chlebe na crostini a teplý ako plnku do sendviča s nakrájanou mozzarellou.

1 stredná cibuľa

4 slivkové paradajky

2 univerzálne zemiaky, ošúpané

1 stredný baklažán

1 stredne veľká červená paprika

1 stredne žltá paprika

Soľ a čerstvo mleté čierne korenie

3 lyžice olivového oleja

½ šálky natrhaných lístkov čerstvej bazalky alebo čerstvo nastrúhaného Parmigiano-Reggiano alebo Pecorino Romano (voliteľné)

1. Zeleninu nakrájame a nakrájame na kúsky. Vo veľkej panvici opečte cibuľu na oleji na miernom ohni do mäkka, asi 5 až 8 minút.

2. Pridajte paradajky, zemiaky, baklažán a papriku. Pridajte soľ a korenie podľa chuti. Zakryte a varte za občasného miešania asi 40 minút, alebo kým všetka zelenina nezmäkne a väčšina tekutiny sa neodparí. Ak je zmes príliš suchá, pridajte pár polievkových lyžíc vody. Ak je príliš veľa tekutiny, odokryjeme a varíme ešte 5 minút.

3. Podávajte teplé alebo pri izbovej teplote, obyčajné alebo ozdobené bazalkou alebo syrom.

Variácia: Ciambotta s vajcami: Keď je zelenina hotová, rozšľaháme 4 až 6 vajec so soľou, kým sa nezmieša. Nalejte vajcia na zeleninu. Nemiešajte. Panvicu prikryte. Varte, kým vajcia nestuhnú, asi 3 minúty. Podávajte teplé alebo pri izbovej teplote.

Vrstvený zeleninový kastról

Teglia di Verdure

Podáva 6 až 8

Na tento kastról použite atraktívnu misku na pečenie a podávajte zeleninu mimo misky. Hodí sa k frittám, kuraciemu mäsu a mnohým ďalším jedlám.

1 stredný baklažán (asi 1 libra), olúpaný a nakrájaný na tenké plátky

Soľ

3 stredné univerzálne zemiaky (asi 1 libra), olúpané a nakrájané na tenké plátky

Čerstvo mleté čierne korenie

2 stredné cibule

1 červená a 1 zelená paprika zbavená jadierok a nakrájaná na tenké plátky

3 stredné paradajky, nakrájané

6 lístkov bazalky, natrhaných na kúsky

1/3 šálky olivového oleja

1. Baklažán ošúpeme a nakrájame na tenké priečne plátky. Plátky navrstvíme do cedníka, pričom každý bohato posypeme soľou. Položte cedník na tanier a nechajte 30 až 60 minút odkvapkať. Plátky baklažánu opláchnite a osušte.

2. Umiestnite stojan do stredu rúry. Predhrejte rúru na 375 ° F. Misu na pečenie s rozmermi 13 × 9 × 2 palce bohato naolejujte.

3. Na dne misky vytvorte vrstvu prekrývajúcich sa plátkov zemiakov. Posypte soľou a korením. Zemiaky prikryjeme vrstvou baklažánu a posypeme soľou. Pridajte vrstvy cibule, papriky a paradajok. Posypte soľou a korením. Na vrch rozsypte bazalku. Pokvapkáme olivovým olejom.

4. Prikryjeme fóliou. Pečieme 45 minút. Opatrne odstráňte fóliu. Varte ešte 30 minút alebo kým nezhnedne a zelenina po prepichnutí nožom nezmäkne. Podávajte teplé alebo pri izbovej teplote.

Chlieb, pizze, slané koláče a sendviče

Buono come il pane, „dobré ako chlieb", je starý taliansky spôsob, ako opísať niekoho alebo niečo veľmi zvláštne. Aj to ukazuje, aký dôležitý je chlieb. Každý Talian vie, že chlieb je najlepší, najlepší a nič nemôže byť lepšie ako chlieb. Či už ide o rozetu, rozkrojenú okrúhlu rolku, ktorá je celá kôrka a strúhanka, alebo scaletové, zlaté bochníky z tvrdej pšenice zo Sicílie pečené v peciach vypálených mandľovými škrupinami, talianske chleby majú úžasný charakter a chuť. Každý región má svoj osobitý štýl. Toskánsky a umbrijský chlieb sa vyrába bez soli, na čo si treba zvyknúť. Chlieb z Altamura v Apúlii je svetlozlatý a prakticky národný poklad. Ľudia v Ríme a na severných miestach za to platia vysoké ceny. Rímsky chlieb je vo vnútri vlhký a plný dier, chrumkavý,

Potom sú tu placky: pizza, focaccia, piadina a všetky ostatné chutné variácie. Každý región má svojho favorita. Neapol je hrdý na svoju povesť rodiska modernej pizze, zatiaľ čo Genovčania pripisujú zásluhy za focacciu. Namiesto arómy navrchu sú v južnom Taliansku obľúbené slané koláče vyrobené z dvoch vrstiev chleba alebo cesta na pizzu pečené okolo plnky zo zeleniny, mäsa alebo syra, ktoré sa jedia ako desiata alebo plné jedlo.

Nasledujúce recepty sú len niektoré z mnohých možností. Len málo Talianov pečie chlieb doma, pretože v každej štvrti je miestne forno („pec"), ako sa pekáreň chleba nazýva, kde sa pečie čerstvý chlieb niekoľkokrát denne. Chlieb sa vyrába z pomaly kysnutého cesta, ktoré vytvára komplexnú chuť a dobrú textúru a žuvateľnosť. Keďže sa pečú v rúrach, ktoré dosahujú vyššie teploty ako v domácich kuchyniach, majú chrumkavé kôrky.

Recepty v tejto kapitole fungujú dobre bez veľkého množstva špeciálneho vybavenia. Ak vás však baví robiť kváskové chleby, oplatilo by sa investovať do kameňa na pečenie alebo neglazúrovaných dlaždíc na pečenie. Výkonný mixér vybavený hákom na cesto alebo veľkokapacitným kuchynským robotom uľahčí miesenie ťažkého, lepkavého cesta. Na miesenie a kysnutie cesta sa dá použiť aj pekárnička, ktorá však nie je vhodná na pečenie týchto druhov chleba.

Zahrnul som aj recepty na slané torty so syrom a zeleninou. Sú dobré ako prvý chod alebo so šalátom k celému jedlu.

Sendviče sú obľúbené ako občerstvenie a ľahké jedlá po celom Taliansku. Milánčania vynašli paninoteca, obchod so sendvičmi, kde si môžete objednať kombinácie všetkých druhov chleba, ktoré sa vám páčia, či sa majú podávať opečené alebo nie. Paninoteca je obľúbená najmä u mladších ľudí, ktorí sa u nás zastavujú na sendviče a pivo.

V iných častiach krajiny môžete jesť panino z bieleho chleba, focaccie alebo rožkov. Rimania milujú tenký sendvič tramezzino (rezaný trojuholníkom) bez kôrky, zatiaľ čo v Bologni sa sendviče vyrábajú na rozetových, miestnych chrumkavých rolkách. Na ceste domov z Talianska si vždy nechám čas na zastávku v letiskovej kaviarni na prosciutto a rukolový sendvič portare via, „zobrať si so sebou" a vychutnám si to v lietadle domov.

Domáci chlieb

Pane di Casa

Urobí 2 bochníky

Tu je základný chlieb na taliansky spôsob, ktorý je v domácej rúre pekný a chrumkavý. Pretože cesto je veľmi lepivé, je najlepšie pripraviť tento chlieb buď v silnom mixéri alebo kuchynskom robote. Nenechajte sa zlákať pridať do cesta viac múky. Na dosiahnutie správnych výsledkov by mala byť veľmi vlhká, s veľkými otvormi v strúhanke a chrumkavou kôrkou.

1 lyžička aktívneho suchého droždia

2 šálky teplej vody (100° až 110°F)

4 1/2 šálky chlebovej múky

2 lyžičky soli

2 lyžice jemnej krupice

1. Nalejte vodu do silnej misky mixéra. Prisypeme droždie. Necháme odstáť, kým kvások nie je krémový, asi 2 minúty. Miešame, kým sa droždie nerozpustí.

2. Pridajte múku a soľ. Dobre premiešajte, kým sa nevytvorí mäkké cesto. Cesto by malo byť veľmi lepkavé. Cesto šľaháme, kým nie je hladké a elastické, asi 5 minút.

3. Naolejujte vnútro veľkej misy. Cesto zoškrabte do misy, otočte ho, aby ste naolejovali vrch. Zakryte plastovou fóliou a nechajte kysnúť na teplom mieste bez prievanu, kým nezdvojnásobí objem, asi 1 1/2 hodiny.

4. Cesto vyrovnáme a rozdelíme na polovicu. Každý kúsok vytvarujte do gule. Rozsypte krupicu na veľký plech na pečenie. Guľôčky cesta položte na plech niekoľko centimetrov od seba. Prikryjeme plastovou fóliou a necháme na teplom mieste bez prievanu kysnúť do zdvojnásobenia, asi 1 hodinu.

5. Umiestnite stojan do stredu rúry. Predhrejte rúru na 450 ° F. Žiletkou alebo veľmi ostrým nožom vyrežte X do hornej časti každého bochníka. Cesto preložíme na kameň na pečenie. Pečieme, kým bochníky nie sú zlatohnedé a po poklepaní na dno nebudú duté, 40 minút.

6. Posuňte bochníky na mriežky, aby úplne vychladli. Skladujte zabalené vo fólii do 24 hodín pri izbovej teplote alebo v mrazničke do jedného mesiaca.

Bylinkový chlieb

Pane alle Erbe

Urobí jeden 12-palcový bochník

V mestečku Forlimpopoli v Emilia-Romagna som jedol v reštaurácii, ktorú si otvoril mladý pár vo vile zo sedemnásteho storočia. Pred jedlom priniesli výborný bylinkový chlebík. Keď som sa na to spýtal, kuchár sa s radosťou podelil o recept a odporučil mi, aby som na úsvite vyšiel do záhrady zbierať bylinky, kým boli ešte vlhké rannou rosou. Dobré výsledky však dosiahnete aj s čerstvými bylinkami zo supermarketu.

1 obálka (2 1/2 lyžičky) aktívneho sušeného droždia alebo 2 lyžičky instantného droždia

1 šálka teplej vody (100 ° až 110 ° F)

2 lyžice nesoleného masla, rozpusteného a vychladnutého

Asi 2 1/2 šálky nebielenej viacúčelovej múky

1 lyžica cukru

1 lyžička soli

1 lyžica nasekanej čerstvej plochej petržlenovej vňate

1 lyžica nasekanej čerstvej mäty

1 lyžica nasekaného čerstvého tymiánu

1 polievková lyžica nasekanej čerstvej pažítky

1 vaječný žĺtok plus 1 polievková lyžica vody

1. Nalejte vodu do veľkej misy. Prisypeme droždie. Necháme odstáť, kým kvások nie je krémový, asi 2 minúty. Miešame, kým sa droždie nerozpustí.

2. Pridajte maslo a 2 šálky múky, cukor a soľ a miešajte, kým sa nevytvorí mäkké cesto. Cesto vyklopte na jemne pomúčenú dosku. Posypeme bylinkami a miesime, kým nebude hladké a pružné, asi 10 minút, pričom podľa potreby pridáme múku, aby vzniklo vlhké, ale nie lepivé cesto. (Alebo pripravte cesto v náročnom mixéri, kuchynskom robote alebo pekárni na chlieb podľa pokynov výrobcu.)

3. Naolejujte vnútro veľkej misy. Vložte cesto do misy a raz ho otočte, aby ste naolejovali vrch. Zakryte plastovým obalom a nechajte na teplom mieste kysnúť, kým nezdvojnásobí svoj objem, asi 1 hodinu.

4. Naolejujte veľký plech na pečenie. Cesto položte na jemne pomúčenú dosku a vyrovnajte ho rukami, aby ste odstránili

vzduchové bubliny. Cesto rozvaľkajte medzi rukami, aby ste vytvorili povraz dlhý asi 12 palcov. Cesto položte na plech. Zakryte plastovou fóliou a nechajte kysnúť, kým sa zdvojnásobí, asi 1 hodinu.

5. Umiestnite stojan do stredu rúry. Predhrejte rúru na 400 ° F. Cesto potrieme žĺtkovou zmesou. Žiletkou alebo veľmi ostrým nožom narežte na vrchu 4 rezy. Pečieme, kým nebude bochník zlatohnedý a neznie duto, keď poklepeme na dno, asi 30 minút.

6. Chlieb posuňte na mriežku, aby úplne vychladol. Zabaľte do fólie a skladujte pri izbovej teplote až 24 hodín alebo zmrazte až 1 mesiac.

Syrový chlieb v štýle Marches

Ciaccia

Urobí jeden 9-palcový okrúhly bochník

Región Marches v strednom Taliansku možno nie je známy, čo sa týka jedla, no má čo ponúknuť. Pozdĺž pobrežia sú vynikajúce morské plody, zatiaľ čo vo vnútrozemí, kde sú drsné hory, sa varí výdatne a ponúka divinu a hľuzovky. Jednou z miestnych špecialít je ciauscolo, mäkká klobása vyrobená z veľmi jemne mletého bravčového mäsa ochuteného cesnakom a korením, ktorá sa dá natrieť na chlieb. Tento chutný chlieb vyrobený z dvoch druhov syra sa podáva na občerstvenie alebo ako predjedlo s pohárom vína. Je skvelý na piknik, s vajíčkami na tvrdo, salámou a šalátom.

1 obálka (2 1/2 lyžičky) aktívneho sušeného droždia alebo 2 lyžičky instantného droždia

1 šálka teplého mlieka (100° až 110°F)

2 veľké vajcia, rozšľahané

2 lyžice olivového oleja

1/2 šálky čerstvo nastrúhaného Pecorino Romano

½ šálky čerstvo nastrúhaného Parmigiano-Reggiano

Asi 3 šálky nebielenej viacúčelovej múky

½ lyžičky soli

½ lyžičky čerstvo mletého čierneho korenia

1. Vo veľkej miske rozprášime droždie do mlieka. Necháme odstáť, kým kvások nie je krémový, asi 2 minúty. Miešame, kým sa droždie nerozpustí.

2. Pridáme vajcia, olej a syry a dobre prešľaháme. Drevenou vareškou primiešajte múku, soľ a korenie, kým sa nevytvorí mäkké cesto. Cesto vyklopte na jemne pomúčenú dosku. Miesime, kým nebude hladké a elastické, asi 10 minút, pričom podľa potreby pridáme ďalšiu múku, aby vzniklo vlhké, ale nie lepivé cesto. (Alebo pripravte cesto v silnom mixéri, kuchynskom robote alebo pekárni podľa pokynov výrobcu.) Cesto vytvarujte do gule.

3. Naolejujte vnútro veľkej misy. Vložte cesto do misy a raz ho otočte, aby ste naolejovali vrch. Zakryte plastom a nechajte kysnúť 1 1/2 hodiny alebo kým nezdvojnásobí objem.

4. Cesto zatlačte nadol, aby ste odstránili vzduchové bubliny. Cesto vytvarujte do gule.

5. Naolejujte 9-palcovú pružinovú panvicu. Pridajte cesto, prikryte a nechajte znova kysnúť, kým sa nezdvojnásobí, asi 45 minút.

6. Umiestnite stojan do stredu rúry. Predhrejte rúru na 375 ° F. Vrch cesta potrieme žĺtkom. Pečieme do zlatista, asi 35 minút.

7. Nechajte 10 minút vychladnúť na panvici. Odstráňte steny formy a potom chlieb posuňte na mriežku, aby úplne vychladol. Zabaľte do fólie a skladujte pri izbovej teplote až 24 hodín alebo zmrazte až 1 mesiac.

Zlaté kukuričné rolky

Panini d'Oro

Vyrába 8 až 10 porcií

Malé okrúhle rolky s polovicou cherry paradajky získavajú zlatú farbu z kukuričnej múčky. Z cesta sa tvarujú guľky, ktoré sa pečením spoja do jedného bochníka. Rolky môžeme podávať ako celý bochník, pričom si každý odtrhne to svoje. Sú vhodné najmä na polievkovú večeru alebo so syrom.

1 obálka (2 1/2 lyžičky) aktívneho sušeného droždia alebo 2 lyžičky instantného droždia

1/2 šálky teplej vody (100° až 110°F)

1/2 šálky mlieka

1/4 šálky olivového oleja

Asi 2 šálky nebielenej viacúčelovej múky

1/2 šálky jemnej žltej kukuričnej múky

1 lyžička soli

10 cherry paradajok, rozpolených

1. Vo veľkej miske prisypte droždie nad vodu. Necháme odstáť, kým kvások nie je krémový, asi 2 minúty. Miešame, kým sa droždie nerozpustí. Vmiešame mlieko a 2 polievkové lyžice oleja.

2. Vo veľkej mise zmiešajte múku, kukuričnú múku a soľ.

3. Do tekutej pridáme suché ingrediencie a miešame, kým sa nevytvorí cesto. Cesto vyklopte na jemne pomúčenú dosku. Miesime, kým nebude hladké a elastické, asi 10 minút, pričom podľa potreby pridáme ďalšiu múku, aby vzniklo vlhké, mierne lepivé cesto. (Alebo pripravte cesto v silnom mixéri, kuchynskom robote alebo pekárni podľa pokynov výrobcu.) Cesto vytvarujte do gule.

4. Naolejujte vnútro veľkej misy. Pridajte cesto, raz otočte, aby ste naolejovali vrch. Prikryjeme plastovou fóliou a necháme 1 1/2 hodiny kysnúť na teplom mieste bez prievanu.

5. Naolejujte 10-palcovú pružinovú panvicu. Cesto zatlačte nadol, aby ste odstránili vzduchové bubliny. Cesto nakrájajte na štvrtiny. Každú štvrtinu nakrájajte na 5 rovnakých kúskov. Každý kus zrolujte do gule. Usporiadajte kúsky na panvici. Do stredu každého kúska cesta zatlačte paradajku do polovice rezom nadol. Zakryte plastovým obalom a nechajte na teplom mieste kysnúť 45 minút alebo do zdvojnásobenia.

6. Umiestnite stojan do stredu rúry. Predhrejte rúru na 400 ° F. Cesto pokvapkáme zvyšnými 2 lyžicami olivového oleja. Pečieme 30 minút alebo do zlatista.

7. Odstráňte boky panvice. Rolky posuňte na mriežku, aby vychladli. Zabaľte do fólie a skladujte pri izbovej teplote až 24 hodín alebo zmrazte až 1 mesiac.

Čierny olivový chlieb

Pane di Olive

Urobí dva 12-palcové bochníky

Tento chlieb sa pripravuje zo štartéra, zmesi múky, vody a droždia. Štartér kysne oddelene a pridáva sa do cesta, aby dodal chlebu extra chuť. Plánujte pripraviť štartér aspoň 1 hodinu alebo až jeden deň vopred.

Aj keď vo všeobecnosti používam na tento recept chutné talianske čierne olivy, môžu sa použiť aj zelené olivy. Alebo vyskúšajte zmes niekoľkých rôznych druhov olív. Tento chlieb je obľúbený v regióne Veneto.

1 obálka (2 1/2 lyžičky) aktívneho sušeného droždia alebo 2 lyžičky instantného droždia

2 šálky teplej vody (100° až 110°F)

Asi 4 1/2 šálky nebielenej viacúčelovej múky

1/2 šálky celozrnnej múky

2 lyžičky soli

2 lyžice olivového oleja

1 1/2 šálky voňavých čiernych olív, ako je Gaeta, zbavených kôstok a nahrubo nasekaných

1. V strednej miske prisypte droždie do 1 šálky vody. Necháme odstáť, kým kvások nie je krémový, asi 2 minúty. Miešame, kým sa droždie nerozpustí. Vmiešajte 1 šálku viacúčelovej múky. Zakryte plastovou fóliou a nechajte stáť na chladnom mieste, kým nezhustne, asi 1 hodinu alebo cez noc. (Ak je horúce počasie, vložte štartér do chladničky. Vyberte ho asi 1 hodinu pred prípravou cesta.)

2. Vo veľkej mise zmiešajte zvyšných 3 1/2 šálky univerzálnej múky, celozrnnú múku a soľ. Pridajte štartér, zvyšnú 1 šálku teplej vody a olej. Drevenou vareškou miešame, kým sa nevytvorí vláčne cesto.

3. Cesto vyklopte na jemne pomúčenú dosku a miesime, kým nebude hladké a elastické, asi 10 minút, pričom podľa potreby pridáme ďalšiu múku, aby vzniklo vlhké a mierne lepivé cesto. (Alebo pripravte cesto v silnom mixéri, kuchynskom robote alebo pekárni podľa pokynov výrobcu.) Cesto vytvarujte do gule.

4. Naolejujte vnútro veľkej misy. Pridajte cesto, raz ho otočte, aby ste naolejovali vrch. Zakryte plastovým obalom a nechajte na

teplom mieste kysnúť, kým nezdvojnásobí svoj objem, asi 11/2 hodiny.

5. Naolejujte veľký plech na pečenie. Cesto vyrovnajte, aby ste odstránili vzduchové bubliny. Krátko vmiešame olivy. Cesto rozdeľte na dve časti a z každého vytvarujte bochník dlhý asi 12 palcov. Položte bochníky niekoľko centimetrov od seba na pripravený plech. Zakryte plastovým obalom a nechajte kysnúť, kým sa nezdvojnásobí objem, asi 1 hodinu.

6. Umiestnite stojan do stredu rúry. Predhrejte rúru na 400 ° F. Pomocou jednobřitej žiletky alebo ostrého noža urobte na povrchu každého bochníka 3 alebo 4 šikmé zárezy. Pečieme 40 až 45 minút alebo do zlatista.

7. Posuňte bochníky na mriežku, aby vychladli. Zabaľte do fólie a skladujte pri izbovej teplote až 24 hodín alebo zmrazte až 1 mesiac.

Stromboli chlieb

Rotolo di Pane

Urobí dva 10-palcové bochníky

Pokiaľ viem, tento chlieb plnený syrom a údeninami je taliansko-americký výtvor, možno inšpirovaný sicílskou bonatou, chlebovým cestom obaleným okolo plnky a zapečeným do bochníka. Stromboli je slávna sicílska sopka, takže názov je pravdepodobne odkazom na skutočnosť, že náplň vyteká z prieduchov pary a pripomína roztavenú lávu. Chlieb podávajte ako predjedlo alebo občerstvenie.

1 lyžička aktívneho suchého droždia alebo 2 lyžičky instantného droždia

¾ šálky teplej vody (100° až 110°F)

Asi 2 šálky nebielenej viacúčelovej múky

1 lyžička soli

4 unce nakrájaného jemného provolonu alebo švajčiarskeho syra

2 unce salámy nakrájanej na tenké plátky

4 unce nakrájanej šunky

1 žĺtok rozšľahaný s 2 lyžicami vody

1. Vo veľkej miske prisypte droždie nad vodu. Necháme odstáť, kým kvások nie je krémový, asi 2 minúty. Miešame, kým sa droždie nerozpustí.

2. Pridajte múku a soľ. Drevenou vareškou miešame, kým sa nevytvorí vláčne cesto. Cesto vyklopte na jemne pomúčenú dosku a miesime, kým nebude hladké a elastické, asi 10 minút, pričom podľa potreby pridáme ďalšiu múku, aby vzniklo vlhké, ale nie lepivé cesto. (Alebo pripravte cesto v náročnom mixéri, kuchynskom robote alebo pekárni na chlieb podľa pokynov výrobcu.)

3. Naolejujte vnútro veľkej misy. Pridajte cesto do misy, raz ho otočte, aby ste naolejovali vrch. Zakryte plastovým obalom. Uložíme na teplé miesto bez prievanu a necháme kysnúť do zdvojnásobenia, asi 1 1/2 hodiny.

4. Vyberte cesto z misy a jemne ho vyrovnajte, aby ste odstránili vzduchové bubliny. Cesto prekrojíme na polovicu a vytvarujeme z neho dve guľky. Guľôčky položte na pomúčenú dosku a každú prikryte miskou. Nechajte kysnúť 1 hodinu alebo do zdvojnásobenia.

5. Umiestnite rošt do stredu rúry. Predhrejte rúru na 400 ° F. Naolejujte veľký plech na pečenie.

6. Na jemne pomúčenej ploche valčekom vyrovnajte jeden kus cesta do 12-palcového kruhu. Na cesto poukladajte polovicu plátkov syra. Navrch dáme polovicu šunky a salámy. Cesto a náplň pevne zvinieme do valca. Utesnite šev. Roládu položte na plech švom nadol. Konce cesta preložíme pod rolku. Opakujte so zvyšnými ingredienciami.

7. Rolky potrieme žĺtkovou zmesou. Nožom narežte 4 plytké rezy rovnomerne rozmiestnené vo vrchnej časti cesta. Pečieme 30 až 35 minút alebo do zlatista.

8. Presuňte na mriežky, aby mierne vychladli. Podávame teplé, nakrájané na diagonálne plátky. Zabaľte do fólie a skladujte pri izbovej teplote až 24 hodín alebo zmrazte až 1 mesiac.

Orechový syrový chlieb

Pan Nociato

Urobí dva 8-palcové okrúhle bochníky

So salámou, olivami a fľašou červeného vína je tento umbrijský chlieb výborným jedlom. Táto verzia je slaná, ale v Todi, jednom z najkrajších stredovekých miest regiónu, som mal sladkú verziu, ktorá bola vyrobená z červeného vína, korenia a hrozienok a pečená v hroznových listoch.

1 obálka (2 1/2 lyžičky) aktívneho sušeného droždia alebo 2 lyžičky instantného droždia

2 šálky teplej vody (100° až 110°F)

Asi 4 1/2 šálky nebielenej viacúčelovej múky

1/2 šálky celozrnnej múky

2 lyžičky soli

2 lyžice olivového oleja

1 šálka strúhaného Pecorino Toscano

1 šálka nasekaných vlašských orechov, opečených

1. V strednej miske prisypte droždie do 1 šálky vody. Necháme odstáť, kým kvások nie je krémový, asi 2 minúty. Miešame, kým sa droždie nerozpustí.

2. Vo veľkej mise zmiešajte 4 šálky viacúčelovej múky, celozrnnú múku a soľ. Pridajte kváskovú zmes, zvyšnú 1 šálku teplej vody a olej. Miešajte drevenou vareškou, kým sa nevytvorí mäkké cesto. Cesto vyklopte na jemne pomúčenú dosku a miesime, kým nebude hladké a elastické, asi 10 minút, pričom podľa potreby pridáme ďalšiu múku, aby vzniklo vlhké, mierne lepivé cesto. (Alebo pripravte cesto v náročnom mixéri, kuchynskom robote alebo pekárni na chlieb podľa pokynov výrobcu.)

3. Naolejujte vnútro veľkej misy. Pridajte cesto, raz ho otočte, aby ste naolejovali vrch. Zakryte plastovým obalom a nechajte na teplom mieste kysnúť, kým nezdvojnásobí svoj objem, asi 1 1/2 hodiny.

4. Naolejujte veľký plech na pečenie. Cesto vyrovnajte, aby ste odstránili vzduchové bubliny. Na vrch rozložte syr a orechy a premiešajte, aby sa ingrediencie rozdelili. Cesto rozdeľte na dve časti a z každého vytvarujte okrúhly bochník. Položte bochníky niekoľko centimetrov od seba na pripravený plech. Zakryte plastovým obalom a nechajte kysnúť, kým sa nezdvojnásobí objem, asi 1 hodinu.

5. Umiestnite stojan rúry do stredu rúry. Predhrejte rúru na 400 ° F. Pomocou jednobřitej žiletky alebo ostrého noža urobte na povrchu každého bochníka 3 alebo 4 šikmé zárezy. Pečieme do zlatista a bochníky po poklepaní o dno znejú duto, asi 40 až 45 minút.

6. Posuňte bochníky na mriežku, aby úplne vychladli. Podávajte pri izbovej teplote. Zabaľte do fólie a skladujte pri izbovej teplote až 24 hodín alebo zmrazte až 1 mesiac.

Paradajkové rolky

Panini al Pomodoro

Vytvára 8 roliek

Paradajková pasta zafarbí tieto rolky do peknej oranžovej červenej a dodá nádych paradajkovej chuti. Rád používam dvojnásobne koncentrovanú paradajkovú pastu predávanú v tubách ako zubnú pastu. Má dobrú sladkú paradajkovú príchuť, a pretože väčšina receptov vyžaduje len polievkovú lyžicu alebo dve pasty, môžete použiť toľko, koľko potrebujete, potom tubu uzavrieť a uložiť ju do chladničky, na rozdiel od konzervovanej paradajkovej pasty.

Aj keď pri pomyslení na paradajky často nemyslím na Veneto, tieto rolky sú tam obľúbené.

1 obálka (2 1/2 lyžičky) aktívneho sušeného droždia alebo 2 lyžičky instantného droždia

1/2 šálky plus 3/4 šálky teplej vody (100° až 110°F)

1/4 šálky paradajkovej pasty

2 lyžice olivového oleja

Asi 2 3/4 šálky nebielenej viacúčelovej múky

2 lyžičky soli

1 lyžička sušeného oregana, rozdrveného

1. V strednej miske prisypte droždie do 1/2 šálky vody. Necháme odstáť, kým kvások nie je krémový, asi 2 minúty. Miešame, kým sa droždie nerozpustí. Pridajte paradajkovú pastu a zvyšok vody a miešajte, kým nebude hladká. Vmiešame olivový olej.

2. Vo veľkej mise zmiešajte múku, soľ a oregano.

3. Tekutinu nalejte do suchých ingrediencií. Drevenou vareškou miešame, kým sa nevytvorí vláčne cesto. Cesto vyklopte na jemne pomúčenú dosku a miesime, kým nebude hladké a elastické, asi 10 minút, pričom podľa potreby pridáme ďalšiu múku, aby vzniklo vlhké, mierne lepivé cesto. (Alebo pripravte cesto v náročnom mixéri, kuchynskom robote alebo pekárni na chlieb podľa pokynov výrobcu.)

4. Naolejujte vnútro veľkej misy. Pridajte cesto, raz ho otočte, aby ste naolejovali vrch. Zakryte plastovým obalom a nechajte kysnúť 1 1/2 hodiny alebo do zdvojnásobenia.

5. Naolejujte veľký plech na pečenie. Cesto vyrovnajte, aby ste odstránili vzduchové bubliny. Cesto nakrájajte na 8 rovnakých kúskov. Každý kúsok vytvarujte do gule. Na plech poukladajte

guličky niekoľko centimetrov od seba. Zakryte plastovou fóliou a nechajte kysnúť, kým sa zdvojnásobí, asi 1 hodinu.

6. Umiestnite stojan do stredu rúry. Predhrejte rúru na 400 ° F. Pečieme, kým rolky nie sú zlatohnedé a po poklepaní o spodok nebudú duté, asi 20 minút.

7. Rolky posuňte na mriežku, aby úplne vychladli Podávajte pri izbovej teplote. Skladujte zabalené vo fólii do 24 hodín alebo zmrazte do 1 mesiaca.

Country Brioche

Brioche Rustica

Vyrába 8 porcií

Cesto na briošky bohaté na maslo a vajcia, ktoré pravdepodobne zaviedli francúzski kuchári v Neapole okolo roku 1700, je vylepšené nasekaným prosciuttom a syrom. Tento chutný chlieb je výborným predjedlom alebo ho podávajte s chodom šalátu pred jedlom alebo po jedle. Všimnite si, že toto cesto je šľahané do hladka a nie miesené.

1/2 šálky teplého mlieka (100° až 110°F)

1 obálka (21/2 lyžičky) aktívneho sušeného droždia alebo 2 lyžičky instantného droždia

4 polievkové lyžice (1/2 tyčinky) nesoleného masla, pri izbovej teplote

1 lyžica cukru

1 lyžička soli

2 veľké vajcia pri izbovej teplote

Asi 21/2 šálky nebielenej viacúčelovej múky

½ šálky nasekanej čerstvej mozzarelly, osušte, ak je vlhká

½ šálky nasekaného provolonu

½ šálky nasekaného prosciutta

1. Nalejte mlieko do malej misky a prisypte droždie. Nechajte stáť, kým droždie nie je krémové, asi 2 minúty. Miešame, kým sa droždie nerozpustí.

2. Vo veľkej miske mixéra alebo kuchynského robota vyšľahajte maslo, cukor a soľ, kým sa nezmiešajú. Zašľaháme vajíčka. Drevenou vareškou vmiešame mliečnu zmes. Pridajte múku a šľahajte do hladka. Cesto bude lepkavé.

3. Na pomúčenej doske z cesta vytvarujeme guľu. Prikryjeme prevrátenou miskou a necháme 30 minút odpočívať.

4. Maslo a múku s 10-palcovou trubicou alebo Bundtovou panvicou.

5. Zľahka pomúčime valček. Cesto rozvaľkajte na obdĺžnik 22 × 8 palcov. Rozotrite syr a mäso na cesto a na dlhých stranách ponechajte 1-palcový okraj. Začnite na jednej dlhšej strane a cesto pevne zviňte do tvaru valca. Utesnite šev. Vložte rolku švom nadol do pripravenej formy. Pritlačte konce k sebe, aby ste utesnili. Panvicu zakryte plastovým obalom. Cesto necháme

kysnúť na teplom mieste bez prievanu do zdvojnásobenia, asi 11/2 hodiny.

6. Umiestnite stojan rúry do stredu rúry. Predhrejte rúru na 350 ° F. Pečieme, kým bochníky nie sú zlatohnedé a po poklepaní o dno nebudú duté, asi 35 minút.

7. Posuňte bochníky na mriežku, aby úplne vychladli. Podávajte pri izbovej teplote. Zabaľte do fólie a skladujte pri izbovej teplote až 24 hodín alebo zmrazte až 1 mesiac.

Sardínsky hudobno-papierový chlieb

Carta da Musica

Vyrába 8 až 12 porcií

Veľké listy chleba tenkého ako papier sa na Sardínii nazývajú „hudobný papier", pretože kedysi sa chlieb, podobne ako papier, zroloval kvôli ľahšiemu skladovaniu. Sardínčania roztrhajú pláty na menšie kúsky, aby ich jedli s jedlom alebo ako snack s mäkkým kozím alebo ovčím syrom, alebo ich namáčali v polievke alebo vrstvili s omáčkami ako cestoviny. Krupicovú múku možno nájsť v mnohých špecializovaných predajniach alebo v katalógoch, ako je napríklad Katalóg pekárov múky kráľa Arthura (pozriZdroje).

Asi 1 1/4 šálky nebielenej viacúčelovej alebo chlebovej múky

1 1/4 šálky jemnej krupičnej múky

1 lyžička soli

1 šálka teplej vody

1. Vo veľkej miske zmiešajte univerzálnu alebo chlebovú múku, krupicu a soľ. Drevenou vareškou miešajte vodu, kým zmes nevytvorí vláčne cesto.

2. Cesto natrieme na jemne pomúčenú dosku. Cesto miesime a podľa potreby pridávame ďalšiu múku, aby vzniklo tuhé cesto, ktoré je hladké a elastické, asi 5 minút. Cesto vytvarujte do gule. Prikryjeme prevrátenou miskou a necháme 1 hodinu odpočívať pri izbovej teplote.

3. Umiestnite stojan do stredu rúry. Predhrejte rúru na 450 ° F.

4. Cesto rozdeľte na šesť kusov. Valčekom na jemne pomúčenej doske rozvaľkajte jeden kus cesta na 12-palcový kruh, dostatočne tenký, aby ste si cez neho videli ruku, keď cesto držíte na svetle. Cesto prevlečte cez valček, aby sa zdvihlo. Cesto položte na nevymastený plech, pričom dávajte pozor, aby ste vyrovnali prípadné záhyby.

5. Pečte asi 2 minúty, alebo kým nie je vrch chleba akurát tak pevný. Jednu ruku chráňte chňapkom a v druhej ruke držte veľkú kovovú špachtľu a cesto otočte. Pečieme ešte asi 2 minúty alebo kým jemne nezhnedne.

6. Chlieb preložíme na mriežku, aby úplne vychladol. Opakujte so zvyšným cestom.

7. Ak chcete podávať, rozdeľte každý list na 2 alebo 4 časti. Zvyšky skladujte na suchom mieste v tesne uzavretom plastovom vrecku.

Variácia: Ak chcete slúžiť ako predjedlo, zohrejte chlieb na plechu na pečenie v nízkej rúre na 5 minút alebo do zohriatia. Na tanieri poukladajte kúsky, každú vrstvu pokvapkajte extra panenským olivovým olejom a hrubozrnnou soľou alebo nasekaným čerstvým rozmarínom. Podávajte teplé.

Chlieb z červenej cibule

Focaccia alle Cipolle Rosso

Vyrába 8 až 10 porcií

Cesto na túto focacciu je veľmi vlhké a lepkavé, takže sa celé miesi v miske bez akéhokoľvek miesenia. Miešajte ručne drevenou vareškou alebo použite vysokovýkonný elektrický mixér, kuchynský robot alebo pekáč. Dlhé, pomalé kysnutie dáva tomuto chlebu lahodnú chuť a ľahkú koláčovú štruktúru. Hoci väčšina focaccias chutí najlepšie teplá, táto je taká vlhká, že vydrží aj pri izbovej teplote.

1 obálka (2 1/2 čajovej lyžičky) aktívne sušené droždie alebo instantné droždie

1/2 šálky teplej vody (100° až 110°F)

1 1/2 šálky mlieka, pri izbovej teplote

6 lyžíc olivového oleja

Asi 5 šálok nebielenej viacúčelovej múky

2 polievkové lyžice nadrobno nasekaného čerstvého rozmarínu

2 lyžičky soli

½ šálky nahrubo nakrájanej červenej cibule

1. V strednej miske prisypte droždie do teplej vody. Necháme odstáť, kým kvások nie je krémový, asi 2 minúty. Miešame, kým sa droždie nerozpustí. Pridajte mlieko a 4 polievkové lyžice oleja a premiešajte.

2. Vo veľkej miske mixéra alebo kuchynského robota zmiešajte múku, rozmarín a soľ. Pridajte kváskovú zmes a miešajte, kým sa nevytvorí mäkké cesto. Miesime, kým nebude hladké a elastické, asi 3 až 5 minút. Cesto bude lepkavé.

3. Naolejujte veľkú misku. Cesto zoškrabte do misy a zakryte ho plastovou fóliou. Necháme na teplom mieste bez prievanu kysnúť do dvojnásobku, asi 1 1/2 hodiny.

4. Naolejujte pekáč s rozmermi 13 × 9 × 2 palce. Cesto nastrúhajte na panvicu a rovnomerne ho rozložte. Zakryte plastovou fóliou a nechajte kysnúť 1 hodinu alebo do zdvojnásobenia objemu.

5. Umiestnite stojan rúry do stredu rúry. Predhrejte rúru na 450 ° F.

6. Končekmi prstov pevne zatlačte do cesta, aby ste vytvorili jamky vzdialené asi 1 palec a hlboké 1/2 palca. Povrch pokvapkáme zvyšnými 2 lyžicami olivového oleja a navrch rozložíme plátky

cibule. Posypeme hrubozrnnou soľou. Pečieme do chrumkava a do zlatista, asi 25 až 30 minút.

7. Focacciu posuňte na mriežku, aby vychladla. Nakrájajte na štvorce. Podávajte teplé alebo pri izbovej teplote. Skladujte pri izbovej teplote zabalené vo fólii do 24 hodín.

Flatbread z bieleho vína

Focaccia al Vino

Vyrába 8 až 10 porcií

Biele víno dáva tejto focaccii janovského štýlu jedinečnú chuť. Zvyčajne je doplnená kryštálmi hrubej morskej soli, ale ak chcete, môžete ju nahradiť čerstvou šalviou alebo rozmarínom. V Janove sa konzumuje pri každom jedle, vrátane raňajok, a školáci si v pekárni vyberú kúsok, ktorý zjedia na dopoludňajšie občerstvenie. Cesto na túto focacciu je veľmi vlhké a lepkavé, preto je najlepšie ho pripraviť v silnom mixéri alebo kuchynskom robote.

Táto focaccia sa vyrába so štartérom – kombináciou droždia, múky a vody, ktorá mnohým chlebom dodáva extra chuť a dobrú textúru. Štartér je možné pripraviť už 1 hodinu alebo až 24 hodín pred pečením chleba, takže si to naplánujte.

1 obálka (2 1/2 lyžičky) aktívneho sušeného droždia alebo 2 lyžičky instantného droždia

1 šálka teplej vody (100 ° až 110 ° F)

Asi 4 šálky nebielenej viacúčelovej múky

2 lyžičky soli

½ šálky suchého bieleho vína

¼ šálky olivového oleja

Zálievka

3 lyžice extra panenského olivového oleja

1 lyžička hrubej morskej soli

1. Na prípravu predjedla prisypte droždie do vody. Necháme odstáť, kým kvások nie je krémový, asi 2 minúty. Miešame, kým sa droždie nerozpustí. Zašľaháme 1 šálku múky do hladka. Zakryte plastovým obalom a nechajte pri izbovej teplote asi 1 hodinu alebo až 24 hodín. (Ak je horúce počasie, vložte štartér do chladničky. Vyberte ho asi 1 hodinu pred prípravou cesta.)

2. V silnom mixéri alebo kuchynskom robote zmiešajte 3 šálky múky a soli. Pridajte štartér, víno a olej. Cesto miešajte, kým nebude hladké a elastické, asi 3 až 5 minút. Bude to veľmi lepkavé, ale nepridávajte viac múky.

3. Naolejujte vnútro veľkej misy. Pridajte cesto. Zakryte plastovou fóliou a nechajte kysnúť na teplom mieste bez prievanu, kým nezdvojnásobí objem, asi 1 1/2 hodiny.

4. Naolejujte veľký plech na pečenie alebo panvicu na želé s rozmermi 15 × 10 × 1 palca. Cesto vyrovnáme. Umiestnite ho na panvicu, potľapkajte a roztiahnite ho rukami, aby sa zmestil. Zakryte plastovou fóliou a nechajte kysnúť, kým sa zdvojnásobí, asi 1 hodinu.

5. Umiestnite stojan do stredu rúry. Predhrejte rúru na 425 ° F. Pevne zatlačte na cesto končekmi prstov, aby sa po celom povrchu vytvorili jamky vzdialené asi 1 palec. Pokvapkáme 3 lyžicami oleja. Posypte morskou soľou. Pečieme 25 až 30 minút alebo do chrumkava a do zlatista.

6. Focacciu posuňte na mriežku, aby mierne vychladla. Nakrájajte na štvorce alebo obdĺžniky a podávajte teplé.

Plochý chlieb zo sušených paradajok

Focaccia di Pomodori Secchi

Vyrába 8 až 10 porcií

Vlhké, marinované sušené paradajky sú tým druhom, ktorý sa používa pre túto focacciu voľnej formy. Ak máte iba sušené paradajky, ktoré nie sú rekonštituované, jednoducho ich namočte na niekoľko minút do teplej vody, kým nezhustnú.

1 lyžička aktívneho suchého droždia

1 šálka teplej vody (100 ° až 110 ° F)

Asi 3 šálky nebielenej viacúčelovej múky

1 lyžička soli

4 lyžice extra panenského olivového oleja

8 až 10 kusov marinovaných sušených paradajok, scedíme a nakrájame na štvrtiny

Štipka sušeného oregana, rozdrveného

1. Nasypte droždie nad vodu. Necháme odstáť, kým kvások nie je krémový, asi 2 minúty. Miešame, kým sa droždie nerozpustí. Pridajte 2 polievkové lyžice oleja.

2. Vo veľkej mise zmiešajte múku a soľ. Pridajte kváskovú zmes a miešajte drevenou vareškou, kým sa nevytvorí mäkké cesto.

3. Cesto vyklopte na jemne pomúčenú dosku. Miesime, kým nebude hladké a elastické, asi 10 minút, pričom podľa potreby pridáme ďalšiu múku, aby vzniklo vlhké, mierne lepivé cesto. (Alebo pripravte cesto v silnom mixéri, kuchynskom robote alebo pekárni podľa pokynov výrobcu.) Cesto vytvarujte do gule.

4. Naolejujte vnútro veľkej misy. Pridajte cesto, raz otočte, aby ste naolejovali vrch. Zakryte plastovou fóliou a nechajte kysnúť na teplom mieste bez prievanu, kým nezdvojnásobí objem, asi 1 1/2 hodiny.

5. Naolejujte veľký plech na pečenie alebo 12-palcovú okrúhlu formu na pizzu. Cesto položte na panvicu. Namažte si ruky a vyrovnajte cesto na 12-palcový kruh. Zakryte plastovým obalom a nechajte kysnúť, kým sa zdvojnásobí, asi 45 minút.

6. Umiestnite stojan rúry do stredu rúry. Predhrejte rúru na 450 ° F. Končekmi prstov urobte do cesta jamky asi 1 palec od seba. Do každej jamky vtlačte trochu paradajky. Pokvapkajte

zvyšnými 2 polievkovými lyžicami olivového oleja a rozotrite ho prstami. Posypeme oreganom. Pečieme 25 minút alebo do zlatista.

7. Focacciu posuňte na dosku a nakrájajte na štvorce. Podávajte teplé.

Rímsky zemiakový chlieb

Pizza di Patate

Vyrába 8 až 10 porcií

Zatiaľ čo Rimania jedia veľa pizze s typickými zálievkami, ich prvou láskou je pizza bianca, „biela pizza", dlhý obdĺžnikový chlieb podobný janovskej focaccii, len je chrumkavejší a hrboľatejší. Pizza bianca je zvyčajne poliata iba soľou a olivovým olejom, aj keď je populárna aj táto variácia s chrumkavými zemiakmi nakrájanými na tenké plátky.

1 obálka (2 1/2 lyžičky) aktívneho sušeného droždia alebo 2 lyžičky instantného droždia

1 šálka teplej vody (100 ° až 110 ° F)

Asi 3 šálky nebielenej viacúčelovej múky

1 lyžička soli plus viac na zemiaky

6 lyžíc olivového oleja

1 libra zemiakov so žltou dužinou, ako je Yukon gold, ošúpaných a nakrájaných na veľmi tenké plátky

Čerstvo mleté čierne korenie

1. Nasypte droždie nad vodu. Necháme odstáť, kým kvások nie je krémový, asi 2 minúty. Miešame, kým sa droždie nerozpustí.

2. Vo veľkej miske zmiešajte 3 šálky múky a 1 lyžičku soli. Pridajte kváskovú zmes a 2 polievkové lyžice oleja. Drevenou vareškou miešame, kým sa nevytvorí vláčne cesto. Cesto vyklopte na jemne pomúčenú dosku a miesime, kým nebude hladké a elastické, asi 10 minút, pričom podľa potreby pridáme ďalšiu múku, aby vzniklo vlhké, ale nie lepivé cesto. (Alebo pripravte cesto v náročnom mixéri, kuchynskom robote alebo pekárni na chlieb podľa pokynov výrobcu.)

3. Naolejujte vnútro veľkej misy. Pridajte cesto a raz ho otočte, aby ste naolejovali vrch. Zakryte plastovým obalom. Necháme kysnúť na teplom mieste bez prievanu, kým nezdvojnásobí svoj objem, asi 1 1/2 hodiny.

4. Naolejujte panvicu s rozmermi 15 × 10 × 1 palca. Cesto jemne vyrovnajte a vložte do panvice. Cesto natiahnite a vyklepte, aby sa zmestilo na panvicu. Zakryte plastovým obalom a nechajte kysnúť, kým sa zdvojnásobí, asi 45 minút.

5. Umiestnite stojan do stredu rúry. Predhrejte rúru na 425 ° F. V miske premiešajte zemiaky so zvyšnými 4 lyžicami olivového

oleja a soľou a korením podľa chuti. Plátky poukladáme na cesto a mierne ich prekrývame.

6. Pečieme 30 minút. Zvýšte teplotu na 450 °F. Pečte ďalších 10 minút alebo kým zemiaky nezmäknú a nezhnednú. Posuňte pizzu na dosku a nakrájajte na štvorce. Podávajte horúce.

Mriežkové chleby z Emilia-Romagna

Piadine

Urobí 8 chlebov

Piadina je okrúhly chlieb pečený na panvici alebo kameni, ktorý je obľúbený v Emilia-Romagna. V plážových mestách pozdĺž pobrežia Jadranského mora sa počas leta na rohoch ulíc objavujú stánky s farebnými pruhovanými plátnami. Okolo obeda sa stánky otvárajú pre podnikanie a operátori v uniformách váľajú a pečú piadine na objednávku na plochých panviciach. Asi deväť palcov v priemere, horúce piadine sa preložia na polovicu, potom sa plnia syrom, nakrájaným prosciuttom, salámou alebo restovanou zeleninou (ako napr. Escarole s cesnakom) a jedia sa ako sendviče.

Aj keď sa piadine zvyčajne vyrába z bravčovej masti, ja nahrádzam olivovým olejom, pretože čerstvá bravčová masť nie je vždy k dispozícii. Ako predjedlo alebo občerstvenie nakrájajte piadinu na mesiačiky.

3 1/2 šálky nebielenej viacúčelovej múky

1 lyžička soli

1 lyžička prášku do pečiva

1 šálka teplej vody

¼ šálky čerstvej bravčovej masti, rozpustenej a vychladenej, alebo olivového oleja

Varené zelené, nakrájané mäso alebo syry

1. Vo veľkej mise zmiešajte múku, soľ a prášok do pečiva. Pridajte vodu a masť alebo olej. Drevenou vareškou miešame, kým sa nevytvorí vláčne cesto. Cesto vyškrabte na jemne pomúčenú dosku a krátko premiešajte, kým nebude hladké. Cesto vytvarujte do gule. Prikryjeme prevrátenou miskou a necháme 30 minút až 1 hodinu odpočívať.

2. Cesto nakrájajte na 8 rovnakých kúskov. Zostávajúce kusy nechajte zakryté a jeden kus cesta rozvaľkajte na 8-palcový kruh. Opakujte so zvyšným cestom, pričom kruhy naskladajte s kusom voskového papiera medzi každý z nich.

3. Predhrejte rúru na 250 ° F. Na strednom ohni zohrejte veľkú panvicu s nepriľnavým povrchom alebo panvicu na palacinky, kým nie sú veľmi horúce a kvapka vody nezasyčí a rýchlo zmizne, keď sa dotkne povrchu. Na povrch položte kruh cesta a varte 30 až 60 sekúnd, alebo kým piadina nezačne tuhnúť a nezmení sa na zlatohnedú. Cesto otočte a varte ďalších 30 až 60 sekúnd, alebo kým na druhej strane pekne nezhnedne.

4. Piadinu zabaľte do fólie a udržujte v teple v rúre, kým rovnakým spôsobom varíte zvyšné kolieska cesta.

5. Na servírovanie položte zeleninu alebo plátky prosciutta, salámy alebo syra na jednu stranu piadiny. Piadinu preložte cez plnku a zjedzte ju ako sendvič.

Tyčinky

Grissini

Vyrobí asi 6 desiatok tyčiniek

Stroj na cestoviny vybavený krájačom fettuccine dokáže pripraviť aj dlhé tenké tyčinky nazývané grissini. (Poskytujem aj návod, ak chcete alebo potrebujete krájať tyčinkové cesto ručne.) Príchuť obmeňte pridaním mletého čierneho korenia alebo sušených byliniek, ako je nasekaný rozmarín, tymian alebo oregano.

1 obálka (2 1/2 lyžičky) aktívneho sušeného droždia alebo 2 lyžičky instantného droždia

1 šálka teplej vody (100 ° až 110 ° F)

2 lyžice extra panenského olivového oleja

Asi 2 1/2 šálky nebielenej viacúčelovej múky alebo chlebovej múky

1 lyžička soli

2 lyžice žltej kukuričnej múky

1. Vo veľkej miske prisypte droždie nad vodu. Necháme odstáť, kým kvások nie je krémový, asi 2 minúty. Miešame, kým sa droždie nerozpustí.

2. Vmiešame olivový olej. Pridajte 2 1/2 šálky múky a soľ. Miešame, kým sa nevytvorí mäkké cesto.

3. Na jemne pomúčenej doske miesime cesto, kým nebude pevné a elastické, asi 10 minút, pričom podľa potreby pridáme ďalšiu múku, aby vzniklo nelepivé cesto. (Alebo pripravte cesto v náročnom mixéri, kuchynskom robote alebo pekárni na chlieb podľa pokynov výrobcu.)

4. Naolejujte vnútro veľkej misy. Vložte cesto do misy a raz ho otočte, aby ste naolejovali vrch. Zakryte plastovou fóliou a nechajte kysnúť na teplom mieste bez prievanu, kým nezdvojnásobí objem, asi 1 1/2 hodiny.

5. Umiestnite dva stojany do stredu rúry. Predhrejte rúru na 350 ° F. Dva veľké plechy na pečenie posypte maizenou.

6. Cesto krátko premiešajte, aby ste odstránili vzduchové bubliny. Cesto rozdeľte na 6 kusov. Jeden kus cesta vyrovnajte do oválu s rozmermi 5 × 4 × 1/4 palca. Poprášte ju ďalšou múkou, aby sa nelepila. Zvyšné cesto nechajte zakryté.

7. Krátky koniec cesta vložte do vykrajovača fettuccine na stroji na cestoviny a cesto nakrájajte na 1/4-palcové pásiky. Ak chcete cesto krájať ručne, vyrovnajte ho valčekom na doske. Veľkým

ťažkým nožom namočeným v múke nakrájajte na 1/4-palcové pásiky.

8. Pásiky poukladajte 1/2 palca od seba na jeden z pripravených plechov na pečenie. Opakujte so zvyšným cestom. Pečieme 20 až 25 minút alebo do zhnednutia, pričom panvy otočíme približne v polovici.

9. Ochlaďte na panviciach na drôtených mriežkach. Uchovávajte vo vzduchotesnej nádobe do 1 mesiaca.

Fenikelové krúžky

Taralli al Finocchio

Vytvára 3 tucty krúžkov

Taralli sú chrumkavé tyčinky v tvare prstenca. Dajú sa ochutiť jednoducho olivovým olejom alebo drvenou červenou paprikou, čiernym korením, oreganom či inými bylinkami a sú obľúbené v celom južnom Taliansku. Nechýbajú ani sladké taralli, ktoré sú dobré na zalievanie do vína alebo ku káve. Taralli môžu byť malé ako nikel alebo niekoľko palcov, ale vždy sú tvrdé a chrumkavé. Rád ich podávam s vínom a syrom.

1 obálka (2 1/2 polievkovej lyžice) aktívneho sušeného droždia alebo 2 čajové lyžičky instantného droždia

1/4 šálky teplej vody (100° až 110°F)

1 šálka nebielenej viacúčelovej múky

1 šálka semolinovej múky

1 lyžica semien feniklu

1 lyžička soli

1/3 šálky suchého bieleho vína

¼ šálky olivového oleja

1. V odmerke nasypte droždie nad vodu. Necháme odstáť, kým kvások nie je krémový, asi 2 minúty. Miešame, kým sa droždie nerozpustí.

2. Vo veľkej mise zmiešajte dve múky, fenikel a soľ. Pridajte kvasnicovú zmes, víno a olej. Miešajte, kým sa nevytvorí mäkké cesto, asi 2 minúty. Cesto natrieme na jemne pomúčenú dosku a miesime, kým nebude hladké a elastické, asi 10 minút. Cesto vytvarujte do gule.

3. Naolejujte vnútro veľkej misy. Vložte cesto do misy a raz ho otočte, aby ste naolejovali vrch. Prikryte a nechajte kysnúť na teplom mieste bez prievanu, kým nezdvojnásobí objem, asi 1 hodinu.

4. Cesto rozdeľte na tretiny, potom každú tretinu na polovicu, aby vzniklo 6 rovnakých kúskov. Ponechajte zvyšok prikrytý prevrátenou miskou a jeden kus nakrájajte na 6 rovnakých kusov. Kusy rozvaľkajte na 4-palcové dĺžky. Každý vytvarujte do krúžku a konce spojte k sebe, aby ste utesnili. Opakujte so zvyšným cestom.

5. Rozložte niekoľko kuchynských utierok, ktoré nepúšťajú vlákna. Naplňte veľkú panvicu do polovice vodou. Vodu priveďte do

varu. Pridajte krúžky cesta po niekoľkých. (Neprepĺňajte ich.) Varte 1 minútu alebo kým krúžky nevystúpia na povrch. Vyberte krúžky dierovanou lyžicou a položte ich na kuchynské utierky, aby odkvapkali. Opakujte so zvyšným cestom.

6. Umiestnite dva stojany do stredu rúry. Predhrejte rúru na 350 ° F. Rozložte krúžky cesta na palec od seba na 2 veľké nevymastené plechy na pečenie. Pečieme do zlatista, asi 45 minút, pričom panvy otočíme asi v polovici. Vypnite rúru a pootvorte dvierka. Nechajte krúžky vychladnúť v rúre 10 minút.

7. Preneste krúžky na drôtené mriežky, aby vychladli. Uchovávajte vo vzduchotesnej nádobe do 1 mesiaca.

Krúžky z mandlí a čierneho korenia

Taralli con le Mandorle

Vytvára 32 krúžkov

Vždy, keď idem do Neapola, jednou z mojich prvých zastávok je pekáreň, kde si kúpim veľkú tašku týchto chrumkavých chlebových krúžkov. Sú chutnejšie ako praclíky alebo iné chuťovky a sú ideálne na hryzenie pred jedlom alebo s jedlom. Neapolčania ich robia s bravčovou masťou, ktorá im dodáva úžasnú chuť a textúru, ktorá sa rozplýva v ústach, no výborné sú aj s olivovým olejom. Dobre sa držia a je príjemné ich mať po ruke ako spoločnosť.

1 obálka (2 1/2 polievkovej lyžice) aktívneho sušeného droždia alebo 2 čajové lyžičky instantného droždia

1 šálka teplej vody (100 ° až 110 ° F)

1/2 šálky bravčovej masti, rozpustenej a vychladenej, alebo olivového oleja

3 1/2 šálky nebielenej viacúčelovej múky

2 lyžičky soli

2 čajové lyžičky čerstvo mletého čierneho korenia

1 šálka mandlí, jemne nasekaných

1. Nasypte droždie nad vodu. Necháme odstáť, kým kvások nie je krémový, asi 2 minúty. Miešame, kým sa droždie nerozpustí.

2. Vo veľkej miske zmiešajte múku, soľ a korenie. Vmiešame kváskovú zmes a masť. Miešame, kým sa nevytvorí mäkké cesto. Cesto vyklopte na jemne pomúčenú dosku a miesime, kým nebude hladké a elastické, asi 10 minút. Vmiešame mandle.

3. Cesto vytvarujte do gule. Cesto prikryjeme prevrátenou misou a necháme na teplom mieste kysnúť do zdvojnásobenia, asi 1 hodinu.

4. Umiestnite 2 stojany do stredu rúry. Predhrejte rúru na 350 ° F. Cesto zatlačte nadol, aby ste odstránili vzduchové bubliny. Cesto rozrežte na polovicu, potom každú polovicu prerežte znova na polovicu a potom každú štvrtinu na polovicu, aby ste získali 8 rovnakých kusov. Zostávajúce cesto prikryté rozdeľte na 4 rovnaké časti. Každý kus zrolujte do 6-palcového lana. Otočte každé lano 3-krát, potom ho vytvarujte do krúžku, pričom konce pritlačte, aby ste utesnili. Položte krúžky 1 palec od seba na dva nevymastené plechy na pečenie. Opakujte so zvyšným cestom.

5. Krúžky pečieme 1 hodinu alebo do zhnednutia a chrumkavosti, pričom panvy otočíme približne v polovici. Vypnite oheň a nechajte krúžky vychladnúť a vysušiť v rúre 1 hodinu.

6.Vyberte z rúry a presuňte na mriežky, aby úplne vychladla. Uchovávajte vo vzduchotesnej nádobe do 1 mesiaca.

Domáca pizza

Pizza di Casa

Pripraví 6 až 8 porcií

Ak navštívite dom v južnom Taliansku, naservírujú vám tento typ pizze. Je celkom odlišný od okrúhleho koláča typu pizzerie.

Domáca pizza je pri pečení na veľkej panvici hrubá asi 3/4 palca. Keďže je panvica naolejovaná, dno chrumká. Pečie sa len s miernym posypaním strúhaným syrom a nie mozzarellou, ktorá by bola príliš žuvacia, keby sa pizza podávala pri izbovej teplote, ako to často býva. Tento typ pizze dobre znesie prihrievanie.

Vyskúšajte tento koláč s klobásovou alebo hubovou omáčkou a pridajte mozzarellu alebo iný taviaci sa syr, ak ho plánujete jesť hneď, ako bude upečený.

Cesto

1 obálka (21/2 polievkovej lyžice) aktívneho sušeného droždia alebo 2 čajové lyžičky instantného droždia

11/4 šálky teplej vody (100° až 110°F)

Asi 31/2 šálky nebielenej viacúčelovej múky

2 lyžičky soli

2 lyžice olivového oleja

Zálievka

1 recept (asi 3 šálky)Pizzaiola omáčka

½ šálky čerstvo nastrúhaného Pecorino Romano

Olivový olej

1. Pripravte cesto: Kvások prisypte k vode. Necháme odstáť, kým kvások nie je krémový, asi 2 minúty. Miešame, kým sa droždie nerozpustí.

2. Vo veľkej miske zmiešajte 3 1/2 šálky múky a soli. Pridajte kvasnicovú zmes a olivový olej. Miešajte drevenou vareškou, kým sa nevytvorí mäkké cesto. Cesto vyklopte na jemne pomúčenú dosku a vymiesime do hladka a pružnosti, v prípade potreby pridáme ďalšiu múku, aby vzniklo vlhké, ale nie lepivé cesto, asi 10 minút. (Alebo pripravte cesto v náročnom mixéri, kuchynskom robote alebo pekárni na chlieb podľa pokynov výrobcu).

3. Veľkú misu zľahka potrieme olejom. Vložte cesto do misy a raz ho otočte, aby ste naolejovali vrch. Zakryte plastovým obalom.

Umiestnite na teplé miesto bez prievanu a nechajte kysnúť, kým sa zdvojnásobí, asi 1 1/2 hodiny.

4. Umiestnite stojan do stredu rúry. Naolejujte panvicu na želé s rozmermi 15 × 10 × 1 palca. Cesto jemne zarovnajte. Cesto položte do stredu formy a natiahnite a rozvaľkajte, aby sa zmestilo. Zakryte ho plastovou fóliou a nechajte kysnúť asi 45 minút, alebo kým nebude nafúknuté a takmer zdvojnásobí objem.

5. Kým cesto kysne na panvici, pripravte si omáčku. Predhrejte rúru na 450 ° F. Končekmi prstov pevne zatlačte na cesto, aby sa na celom povrchu vytvorili jamky v 1-palcových intervaloch. Omáčku rozotrite na cesto, pričom po celom obvode nechajte 1/2-palcový okraj. Pečieme 20 minút.

6. Posypeme syrom. Pokvapkáme olejom. Vráťte pizzu do rúry a pečte 5 minút, alebo kým sa syr neroztopí a kôrka nezhnedne. Nakrájajte na štvorce a podávajte horúce alebo pri izbovej teplote.

Cesto na pizzu v neapolskom štýle

Vystačí na štyri 9-palcové pizze

V Neapole, kde je výroba pizze formou umenia, je ideálna kôrka na pizzu žuvacia a len mierne chrumkavá, dostatočne pružná, že ju možno zložiť bez toho, aby kôrka praskla. Neapolské pizze nie sú ani hrubé a koláčové, ani tenké a chrumkavé.

Na dosiahnutie správnej rovnováhy s typom múky dostupnej v Spojených štátoch je potrebná kombinácia mäkkej múky na koláče s nízkym obsahom lepku a tvrdšej univerzálnej múky s vyšším obsahom lepku. Pre chrumkavejšiu kôrku zvýšte množstvo univerzálnej múky a úmerne znížte množstvo múky na koláč. Chlebová múka, ktorá má veľmi vysoký obsah lepku, by urobila kôrku pizze príliš tvrdou.

Cesto na pizzu je možné miešať a miesiť v silnom elektrickom mixéri alebo kuchynskom robote alebo dokonca v pekárni. Ak chcete získať skutočnú textúru pizzerie, pečte koláče priamo na pečiacom kameni alebo neglazovaných lomových dlaždiciach, ktoré sú k dispozícii v obchodoch s riadom.

Tento recept vystačí na štyri pizze. V Neapole si každý dá svoju pizzu, ale keďže je ťažké upiecť viac koláčov naraz v domácej rúre, každý koláč som na servírovanie nakrájal na mesiačiky.

1 lyžička aktívneho suchého droždia alebo instantného droždia

1 šálka teplej vody (100 až 110 °F)

1 šálka hladkej tortovej múky (nie samokysnúca)

Asi 3 šálky nebielenej viacúčelovej múky

2 lyžičky soli

1. Nasypte droždie nad vodu. Necháme odstáť, kým kvások nie je krémový, asi 2 minúty. Miešame, kým sa droždie nerozpustí.

2. Vo veľkej mise zmiešajte dve múky a soľ. Pridajte kváskovú zmes a miešajte, kým sa nevytvorí mäkké cesto. Cesto vyklopte na jemne pomúčenú dosku a miesime do hladka a pružnosti, pričom podľa potreby pridávame múku, aby vzniklo vlhké, ale nie lepivé cesto, asi 10 minút. (Alebo pripravte cesto v náročnom mixéri, kuchynskom robote alebo pekárni na chlieb podľa pokynov výrobcu.)

3. Cesto vytvarujte do gule. Položte ho na pomúčenú dosku a prikryte prevrátenou misou. Necháme kysnúť asi 1 1/2 hodiny pri izbovej teplote alebo do zdvojnásobenia.

4. Cesto odkryjeme a vytlačíme vzduchové bubliny. Cesto prekrojte na polovicu alebo na štvrtiny, v závislosti od veľkosti pizze, ktorú budete piecť. Každý kúsok vytvarujte do gule. Položte guľôčky niekoľko centimetrov od seba na pomúčenú plochu a prikryte uterákom alebo plastovou fóliou. Nechajte kysnúť 1 hodinu alebo do zdvojnásobenia.

5. Pracovnú plochu zľahka poprášte múkou. Poklepte a roztiahnite jeden kus cesta do kruhu s priemerom 9 až 12 palcov, s hrúbkou asi 1/4 palca. Okraj cesta nechajte mierne hrubší.

6. Šupku od pizze alebo plech bez okraja posypte múkou. Kruh cesta opatrne položte na šupku. Šupku potraste, aby ste sa uistili, že sa cesto nelepí. Ak je, cesto zdvihnite a do šupky pridajte viac múky. Cesto je pripravené na pokrytie a pečenie podľa vášho receptu.

Pizza s mozzarellou, paradajkami a bazalkou

Pizza Margherita

Vyrobí štyri 9-palcové pizze alebo dve 12-palcové pizze

Neapolčania nazývajú túto klasickú pizzu – vyrobenú z mozzarely, obyčajnej paradajkovej omáčky a bazalky – pizza Margherita na počesť krásnej kráľovnej, ktorá si pizzu vychutnávala už v devätnástom storočí.

1 receptNeapolské cesto na pizzupripravené v kroku 6

2 1/2 šálkyMarinara omáčkapri izbovej teplote

12 uncí čerstvej mozzarelly, nakrájanej na tenké plátky

Čerstvo nastrúhaný Parmigiano-Reggiano, voliteľné

Extra panenský olivový olej

8 lístkov čerstvej bazalky

1. V prípade potreby pripravte cesto a omáčku. Potom 30 až 60 minút pred pečením položte pizza kameň alebo neglazované lomové dlaždice alebo plech na pečenie na mriežku v najnižšej úrovni rúry. Zapnite rúru na maximum – 500° alebo 550°F.

2. Cesto potrieme tenkou vrstvou omáčky, pričom po celom obvode necháme 1/2-palcový okraj. Navrch poukladajte mozzarellu a posypte strúhaným syrom, ak používate.

3. Otvorte rúru a jemne zosuňte cesto zo šupky tak, že ho mierne nakloníte smerom k zadnej časti kôstky a jemne ním zatrasiete dopredu a potom späť. Pizzu pečieme 6 až 7 minút, alebo kým nie je kôrka chrumkavá a zhnednutá.

4. Preložíme na dosku a pokvapkáme trochou extra panenského olivového oleja. Natrhajte 2 lístky bazalky na kúsky a rozsypte ich na pizzu. Nakrájajte na mesiačiky a ihneď podávajte. Rovnakým spôsobom urobte ďalšie pizze so zvyšnými prísadami.

Variácia: Upečenú pizzu obložíme nakrájanou čerstvou rukolou a nakrájaným prosciuttom.

Pizza s paradajkami, cesnakom a oreganom

Pizza Marinara

Vyrobí štyri 9-palcové alebo dve 12-palcové pizze

Hoci v Neapole konzumujú veľa rôznych druhov pizze, oficiálna asociácia neapolských výrobcov pizze povoľuje iba dva druhy pizze ako autentico, čo znamená skutočnú vec.Pizza s mozzarellou, paradajkami a bazalkou, pomenovaná po milovanej kráľovnej, je jedna a druhá je pizza marinara, ktorá sa napriek svojmu názvu (marinara znamená „námorník") vyrába bez morských plodov. Ak si však objednáte tento typ pizze v Ríme namiesto v Neapole, pravdepodobne na nej budú ančovičky.

Cesto na pizzu v neapolskom štýle, pripravené cez krok 6

2 1/2 šálkyMarinara omáčkapri izbovej teplote

1 scedená konzerva ančovičiek (voliteľné)

Sušené oregano, rozdrvené

3 strúčiky cesnaku, nakrájané na tenké plátky

Extra panenský olivový olej

1. V prípade potreby pripravte cesto a omáčku. Potom 30 až 60 minút pred pečením položte pizza kameň, neglazované lomové dlaždice alebo plech na pečenie na mriežku v najnižšej úrovni rúry. Zapnite rúru na maximum – 500° alebo 550°F.

2. Cesto potrieme tenkou vrstvou omáčky, pričom po celom obvode necháme 1/2-palcový okraj. Na vrch poukladajte ančovičky. Posypeme oreganom a navrch rozotrieme cesnak.

3. Otvorte rúru a cesto jemne zosuňte zo šupky tak, že ho nakloníte smerom k zadnej časti kôstky a jemne ním zatrasiete dopredu a potom späť. Pizzu pečieme 6 až 7 minút, alebo kým nie je kôrka chrumkavá a zhnednutá.

4. Preložíme na dosku a pokvapkáme trochou extra panenského olivového oleja. Nakrájajte na mesiačiky a ihneď podávajte. Zo zvyšných ingrediencií urobte viac pizze.

Pred pečením túto pizzu obložíme na tenké plátky nakrájanými feferónkami a scedenými nakladanými feferónkami.

Pizza s lesnými hubami

Pizza alla Boscaiola

Vyrobí štyri 9-palcové pizze

V Piemonte nás priatelia vinári vzali s manželom do pizzerie, ktorú otvoril muž z Neapola. Urobil nám pizzu s dvoma miestnymi ingredienciami, Fontina Valle d'Aosta, zamatovým syrom z kravského mlieka a čerstvými hríbikmi. Syr sa krásne roztopil a doplnil drevitú chuť húb. Aj keď je v Spojených štátoch ťažké zohnať čerstvé porcini, táto pizza je stále dobrá s inými druhmi húb.

Cesto na pizzu v neapolskom štýle, pripravené cez krok 6

3 lyžice extra panenského olivového oleja

1 strúčik cesnaku, nakrájaný na tenké plátky

1 libra rôznych húb, ako sú biele, shiitake a hlivy ustricové (alebo použite len biele huby), orezané a nakrájané

½ lyžičky nasekaného čerstvého tymianu alebo štipka sušeného tymiánu, rozdrveného

Soľ a čerstvo mleté čierne korenie

2 lyžice nasekanej čerstvej plochej petržlenovej vňate

8 uncí Fontina Valle d'Aosta, Asiago alebo mozzarella, nakrájaná na tenké plátky

1. V prípade potreby pripravte cesto. Potom 30 až 60 minút pred pečením položte pizza kameň, neglazované lomové dlaždice alebo plech na pečenie na mriežku v najnižšej úrovni rúry. Zapnite rúru na maximum – 500° alebo 550°F.

2. Vo veľkej panvici zohrejte olej s cesnakom na strednom ohni. Pridajte huby, tymian, soľ a korenie podľa chuti a za častého miešania varte, kým sa hubová šťava neodparí a huby nezhnednú, asi 15 minút. Vmiešame petržlenovú vňať a odstavíme z ohňa.

3. Plátky syra rozložte na cesto a nechajte okolo 1-palcový okraj. Navrch dáme huby.

4. Otvorte rúru a cesto jemne zosuňte zo šupky tak, že ho naklolníte ku kameňu a jemne ním zatrasiete dopredu a potom späť. Pizzu pečieme 6 až 7 minút, alebo kým nie je kôrka chrumkavá a zhnednutá. Pokvapkáme trochou extra panenského olivového oleja.

5. Preložíme na dosku a pokvapkáme trochou extra panenského olivového oleja. Nakrájajte na mesiačiky a ihneď podávajte. Zo zvyšných ingrediencií urobte viac pizze.

Calzoni

Robí 4 calzoni

V uliciach Spaccanapoli, starej časti Neapola, možno budete mať to šťastie, že narazíte na pouličného predavača, ktorý vyrába calzoni. Toto slovo znamená „veľká ponožka", čo je výstižný opis tohto plneného pečiva. Calzone sa vyrába z kruhu pizzového cesta preloženého ako otočka okolo plnky. Pouliční predavači ich vyprážajú vo veľkých hrncoch s vriacim olejom nad prenosnými sporákmi. V pizzeriách sa zvyčajne pečú calzoni.

1 obálka (2 1/2 lyžičky) aktívneho sušeného droždia alebo 2 lyžičky instantného droždia

1 1/3 šálky teplej vody (100 ° až 110 ° F)

Asi 3 1/2 šálky nebielenej viacúčelovej múky

2 lyžičky soli

2 polievkové lyžice olivového oleja a ďalšie na potretie vrchov

Plnenie

1 libra ricotty z plnotučného alebo čiastočne odstredeného mlieka

8 uncí čerstvej mozzarelly, nasekanej

4 unce prosciutta, salámy alebo šunky, nasekané

½ šálky čerstvo nastrúhaného Parmigiano-Reggiano

1. Vo veľkej miske prisypte droždie nad vodu. Necháme odstáť, kým kvások nie je krémový, asi 2 minúty. Miešame, kým sa droždie nerozpustí.

2. Pridajte 3 1/2 šálky múky, soľ a 2 lyžice olivového oleja. Miešajte drevenou vareškou, kým sa nevytvorí mäkké cesto. Cesto vyklopte na jemne pomúčenú dosku a mieste, ak je to potrebné, pridajte ďalšiu múku, kým nebude hladké a elastické, asi 10 minút.

3. Veľkú misu zľahka potrieme olejom. Vložte cesto do misy a otočte ho, aby ste naolejovali vrch. Zakryte plastovým obalom. Umiestnite na teplé miesto bez prievanu a nechajte kysnúť, kým nezdvojnásobí objem, asi 1 1/2 hodiny.

4. Cesto vyrovnajte päsťou. Cesto nakrájajte na 4 kusy. Každý kúsok vytvarujte do gule. Umiestnite guľôčky niekoľko centimetrov od seba na jemne pomúčenú dosku. Voľne prikryte plastovou fóliou a nechajte kysnúť, kým nezdvojnásobí objem, asi 1 hodinu.

5. Medzitým miešajte ingrediencie plnky, kým sa dobre nezmiešajú.

6. Umiestnite dva stojany do stredu rúry. Predhrejte rúru na 425 ° F. Naolejujte 2 veľké plechy na pečenie.

7. Na jemne pomúčenej ploche valčekom rozvaľkajte jeden kus cesta na 9-palcový kruh. Lyžičkou naneste jednu štvrtinu náplne na polovicu kruhu, pričom ponechajte 1/2-palcový okraj na utesnenie. Cesto preložte, aby ste prikryli plnku, pričom vytlačte vzduch. Pevne pritlačte okraje k sebe, aby sa utesnili. Potom okraj prehnite a znova zalepte. Umiestnite calzone na jeden z plechov na pečenie. Opakujte so zvyšným cestom a náplňou, pričom calzoni umiestnite niekoľko centimetrov od seba.

8. Vyrežte malú štrbinu v hornej časti každej kalzóny, aby mohla uniknúť para. Vrch potrieme olivovým olejom.

9. Pečte 35 až 40 minút, alebo kým nie sú chrumkavé a zhnednuté, pričom panvy otočte približne v polovici. Posuňte na mriežku a nechajte vychladnúť 5 minút. Podávajte horúce.

Variácia: Naplňte calzoni kombináciou ricotty, kozieho syra, cesnaku a bazalky alebo podávajte calzoni preliate paradajkovou omáčkou.

Sardelové lievance

Crispeddi di Alici

Robí 12

Tieto malé rolky plnené ančovičkami sú obľúbené v celom južnom Taliansku. Crispeddi je kalábrijské meno; Sicílčania ich nazývajú fanfarichi alebo jednoducho pasta fritta, „vyprážané cesto". Sicílska rodina môjho manžela ich jedávala vždy na Silvestra, iné rodiny si na nich pochutnávali počas pôstu.

1 obálka (2 1/2 lyžičky) aktívneho sušeného droždia alebo 2 lyžičky instantného droždia

1 1/3 šálky teplej vody (100 ° až 110 ° F)

Asi 3 1/2 šálky nebielenej viacúčelovej múky

2 lyžičky soli

1 (2 unca) konzerva filet zo sardel, scedené a osušené

Asi 4 unce mozzarelly, nakrájané na 1/2-palcové hrubé prúžky

Rastlinný olej na vyprážanie

1. Nasypte droždie nad vodu. Necháme odstáť, kým kvások nie je krémový, asi 2 minúty. Miešame, kým sa droždie nerozpustí.

2. Vo veľkej miske zmiešajte 3 1/2 šálky múky a soľ. Pridajte kváskovú zmes a miešajte, kým sa nevytvorí mäkké cesto. Cesto vyklopte na jemne pomúčenú dosku a mieste, ak je to potrebné, pridajte ďalšiu múku, kým nebude hladké a elastické, asi 10 minút.

3. Naolejujte veľkú misku. Vložte cesto do misy a raz ho otočte, aby ste naolejovali vrch. Zakryte plastovým obalom. Umiestnite na teplé miesto bez prievanu a nechajte kysnúť, kým nezdvojnásobí objem, asi 1 hodinu.

4. Cesto vyrovnajte, aby ste odstránili vzduchové bubliny. Cesto nakrájajte na 12 kusov. Položte 1 kus na jemne pomúčenú dosku, pričom zostávajúce kusy nechajte zakryté.

5. Cesto rozvaľkajte na kruh s priemerom asi 5 palcov. Do stredu kruhu položte kúsok sardel a kúsok mozzarelly. Zdvihnite okraje cesta a pritlačte ich k sebe okolo plnky, čím vytvoríte špicu ako kabelku. Vyrovnajte hrot a vytlačte vzduch. Stlačte šev, aby ste ho pevne utesnili. Opakujte so zvyšnými ingredienciami.

6. Podnos vystelieme papierovými utierkami. Do veľkej ťažkej panvice nalejte toľko oleja, aby dosiahol hĺbku 1/2 palca. Olej

zohrejte na strednom ohni. Pridajte niekoľko roliek naraz, položte ich švom nadol. Rolky opečte tak, že ich zadnou stranou lopatky srovnáte do zlatista, asi 2 minúty na každej strane. Nechajte odkvapkať na papierových utierkach. Posypte soľou.

7. Rovnakým spôsobom opečieme zvyšné rolky. Pred podávaním necháme mierne vychladnúť.

Poznámka: Buďte opatrní, keď do nich hryziete; vnútro zostáva veľmi horúce, zatiaľ čo vonkajšok sa ochladzuje.

Obrat paradajok a syrov

Panzerotti Pugliese

Urobí 16 obratov

Špecialitou Dory Marzovillovej, ktorá pochádza z Apúlie, sú malé obrátky podobné vyššie uvedeným sardelovým lievikom. Robí ich každý deň pre rodinnú reštauráciu I Trulli v New Yorku. Môžu byť vyrobené s ančovičkami alebo bez nich.

1 recept na vyprážané cesto (odSardelové lievance)

3 slivkové paradajky zbavené semienok a nakrájané

Soľ

4 unce čerstvej mozzarelly, nakrájanej na 16 kusov

Rastlinný olej na vyprážanie

1. Pripravte cesto. Potom nakrájajte paradajky na polovicu a vytlačte šťavu a semená. Paradajky nakrájame a ochutíme soľou a korením.

2. Cesto nakrájajte na štvrtiny. Každú štvrtinu nakrájajte na 4 časti. Zostávajúce cesto zakryté rozvaľkajte na 4-palcový kruh. Na

jednu stranu kruhu položte 1 čajovú lyžičku paradajok a kúsok mozzarelly. Druhú polovicu cesta preložíme cez plnku tak, aby vznikol polmesiac. Vytlačte vzduch a pritlačte okraje k sebe, aby sa utesnili. Okraje pevne pritlačte vidličkou.

3. Podnos vystelieme papierovými utierkami. V hlbokom ťažkom hrnci alebo vo fritéze zohrejte aspoň 1 palec oleja na 375 ° F na teplomere na vyprážanie alebo kým 1-palcový kúsok chleba nezhnedne za 1 minútu. Opatrne vkladajte obrátky po niekoľkých do horúceho oleja. Nechajte medzi nimi dostatok priestoru, aby sa nedotýkali. Raz alebo dvakrát obrátime a opekáme do zlatista, asi 2 minúty z každej strany.

4. Preneste obrátky na papierové utierky, aby ste ich nechali odkvapkať. Posypte soľou. Podávajte horúce.

Poznámka: Buďte opatrní, keď do nich hryziete; vnútro zostáva veľmi horúce, zatiaľ čo vonkajšok sa ochladzuje.

Veľkonočný koláč

Pizza Rustica alebo Pizza Chiene

Vyrobí 12 porcií

Väčšina južných Talianov robí na Veľkú noc tú či onú verziu tohto veľmi bohatého, slaného koláča. Niektoré koláče sa vyrábajú z kysnutého cesta a iné používajú sladené koláčové cesto. Do plnky sa často pridávajú vajíčka natvrdo a každá kuchárka má svoju obľúbenú kombináciu syrov a údenín. Moja stará mama takto robila veľkonočný koláč.

Pizza rustica je tiež známa ako pizza chiene (vyslovuje sa „pizza ghíen"), dialektová forma pizze ripiene, čo znamená „plnený" alebo „plný" koláč. Zvyčajne sa konzumuje na pikniku na Veľkonočný pondelok, ktorý rodiny plánujú osláviť príchod jari. Pretože je taký bohatý, malý kúsok prejde dlhú cestu.

Kôrka

4 šálky nebielenej viacúčelovej múky

1 1/2 lyžičky soli

1/2 šálky tuhého zeleninového tuku

½ šálky (1 tyčinka) nesoleného masla, vychladeného a nakrájaného na kúsky

2 veľké vajcia, rozšľahané

3 až 4 lyžice ľadovej vody

Plnenie

8 uncí sladkej talianskej klobásy, odstránené črevá

3 veľké vajcia, zľahka rozšľahané

1 šálka čerstvo nastrúhaného Parmigiano-Reggiano alebo Pecorino Romano

2 libry celej alebo čiastočne odstredenej ricotty, cez noc scedené (pozri bočný panelVypustiť Ricottu)

8 uncí čerstvej mozzarelly, nakrájanej na malé kocky

4 unce prosciutta, nakrájaného na malé kocky

4 unce varenej šunky, nakrájanej na malé kocky

4 unce sopressata, nakrájané na malé kocky

Glazúra

1 vajce, zľahka rozšľahané

1. Pripravte kôru: Zmiešajte múku a soľ v miske. Tuk a maslo nakrájajte mixérom na pečivo alebo vidličkou, kým zmes nebude pripomínať veľké omrvinky. Pridajte vajcia a miešajte, kým sa nevytvorí mäkké cesto. Naberte časť zmesi rukou a rýchlo ju stláčajte, kým nebude držať pohromade. Opakujte so zvyškom cesta, kým suroviny nedržia pohromade a nedajú sa vyformovať do hladkej gule. Ak sa vám zmes zdá príliš suchá a drobivá, pridajte trochu ľadovej vody. Cesto rozdeľte na dva kotúče, jeden trikrát väčší ako druhý. Každý disk zabaľte do plastovej fólie. Odložte do chladničky na 1 hodinu až do noci.

2. Na prípravu náplne varte klobásu v malej panvici na strednom ohni za občasného miešania, až kým nebude ružová, asi 10 minút. Mäso vyberte dierovanou lyžicou. Mäso nakrájajte na dosku.

3. Vo veľkej mise rozšľaháme vajíčka a parmigán, kým sa dobre nezmiešajú. Vmiešajte ricottu, klobásu, mozzarellu a mäso nakrájané na kocky.

4. Umiestnite rošt do spodnej tretiny rúry. Predhrejte rúru na 375 ° F. Na jemne pomúčenej ploche s pomúčeným valčekom rozvaľkajte veľký kus cesta, aby ste vytvorili 14-palcový kruh. Cesto prehoďte cez valček. Cesto preneste do 9-palcovej

pružinovej formy a hladko ho pritlačte na dno a nahor po stranách panvice. Natrite plnku do panvice.

5. Zvyšný kus cesta rozvaľkajte na 9-palcový kruh. Vrúbkovaným cukrárskym kolieskom nakrájajte cesto na 1/2-palcové pásiky. Umiestnite polovicu prúžkov 1 palec od seba cez náplň. Otočte panvicu o štvrtinu a položte zvyšné pásy na vrch, čím vytvoríte mriežkový vzor. Okraje vrchnej a spodnej vrstvy cesta pritlačte k sebe, aby sa utesnila. Cesto potrieme vajcovou polevou.

6. Koláč pečieme 1 až 11/4 hodiny alebo kým nie je kôrka zlatistá a plnka nafúknutá. Koláč ochlaďte na panvici na mriežke 10 minút. Odstráňte boky panvice a nechajte úplne vychladnúť. Podávajte teplé alebo pri izbovej teplote. Pevne zakryte a uložte do chladničky na 3 dni.

Torte zo sicílskeho mečúňa

Impanata di Pesce Spada

Vyrába 8 až 10 porcií

Sicílčania pripravujú tento pikantný koláč buď s mečiarom alebo tuniakom a baklažánom alebo cuketou. Je to veľkolepé jedlo a vždy, keď ho robím, spomeniem si na opis banketového stola Giuseppe de Lampedusa v jeho románe Leopard o upadajúcej sicílskej aristokracii. Je to trochu produkcia, ale stojí za námahu.

Cesto

4 šálky nebielenej viacúčelovej múky

2 lyžice cukru

1 lyžička soli

1/2 šálky (4 unce) studeného zeleninového tuku

1/2 šálky (1 tyčinka) studeného nesoleného masla, nakrájaného na 1/4 palca hrubé plátky

1 lyžička strúhanej pomarančovej kôry

2 veľké vajcia, rozšľahané

Asi 3 až 4 polievkové lyžice studeného suchého bieleho vína

Plnenie

Olivový olej

1 stredný baklažán (asi 1 libra) nakrájaný na plátky hrubé 1/4 palca

Soľ

1 stredná cibuľa, nakrájaná

1 jemné zelerové rebro, nakrájané nadrobno

5 zrelých paradajok, olúpaných, zbavených semienok a nakrájaných alebo 21/2 šálky nakrájaných scedených konzervovaných paradajok

1/2 šálky zelených olív bez kôstok, nasekaných

2 lyžice nasekaných kapár, opláchnutých a scedených

2 lyžice hrozienok

2 lyžice píniových orieškov

1 libra mečúňa nakrájaného na tenké plátky

Soľ a čerstvo mleté čierne korenie

1. Pripravte cesto: Do veľkej misy dajte múku, cukor a soľ. Mixérom na pečivo alebo vidličkou nakrájajte tuk, maslo a pomarančovú kôru, kým zmes nebude pripomínať hrubú strúhanku. Vmiešame vajíčka a len toľko vína, aby sa suché ingrediencie začali spájať a vytvorili cesto. Naberte časť zmesi rukou a rýchlo ju stláčajte, kým nebude držať pohromade. Opakujte so zvyškom cesta, kým nebude držať pohromade a dá sa z neho vyformovať guľa. Ak sa vám zmes zdá príliš suchá a drobivá, pridajte lyžičku studenej vody. Cesto rozdeľte na dva kotúče, jeden dvakrát väčší ako druhý. Každý disk zabaľte do plastovej fólie. Odložte do chladničky na 1 hodinu až do noci.

2. Pripravte si náplň: Vo veľkej panvici zohrejte 1/4 šálky olivového oleja. Plátky baklažánu osušte a opečte ich po jednej vrstve, kým pekne nezhnednú. Posypte soľou.

3. V ďalšej veľkej panvici zmiešajte 1/4 šálky olivového oleja, cibuľu a zeler na strednom ohni. Varíme za častého miešania, kým zelenina nezmäkne, asi 10 minút. Vmiešajte paradajky, kapary, olivy, hrozienka a píniové oriešky. Varíme, kým sa šťava neodparí a omáčka nezhustne. Pridajte mečiara, potom soľ a korenie podľa chuti. Rybu polejeme omáčkou. Prikryte a varte 5 až 8 minút, alebo kým ryba nie je v najhrubšej časti len ružová.

Ak je v panvici príliš veľa tekutiny, vyberte rybu na tanier a zredukujte tekutinu na strednom ohni. Necháme vychladnúť.

4. Umiestnite stojan rúry do stredu rúry. Predhrejte rúru na 375 ° F.

5. Ak bolo cesto cez noc v chladničke, pred vyvaľkaním ho nechajte stáť pri izbovej teplote 20 až 30 minút. Väčší kus cesta rozvaľkajte na 14-palcový kruh. Voľne obtočte cesto okolo valčeka, aby ste ho preniesli na 9-palcovú pružinovú formu. Cesto jemne vtlačte do dna formy a po stranách. Lyžicou naneste na cesto polovicu zmesi mečiara. Prikryjeme baklažánom. Navrch položte zvyšný mečiar a omáčku.

6. Rozvaľkajte menší kúsok cesta na 10-palcový kruh. Vycentrujte cesto na vrch koláča. Odrežte všetko okrem 1/2-palcového okraja cesta. Cesto prehneme, okraje pritlačíme, aby sa utesnilo.

7. Malým nožom vyrežte v hornej časti cesta niekoľko zárezov, aby mohla uniknúť para. Pečieme 50 až 60 minút, alebo kým vrch nie je zlatohnedý a šťava viditeľná v zárezoch bude bublať.

8. Chladíme 10 minút na mriežke. Odstráňte boky panvice. Nechajte vychladnúť ešte 15 minút. Podávajte horúce alebo pri izbovej teplote.

Zelený cibuľový koláč

Pizza di Cippollotti

Vyrába 8 porcií

V Apúlii sa plnka tohto koláča vyrába z jemného póru alebo zelenej cibuľky. Zelenú cibuľku používam častejšie, pretože sa s ňou pracuje trochu ľahšie, ale ak chcete, skúste použiť pór. Podávajte s ovčím syrom a primitivom, robustným červeným vínom z tejto oblasti alebo zinfandelom.

Cesto

1 obálka (2 1/2 čajovej lyžičky) aktívne sušené droždie

3/4 šálky teplej vody (100° až 110°F)

3 lyžice extra panenského olivového oleja

Asi 2 1/2 šálky nebielenej viacúčelovej múky

1 lyžička soli

Plnenie

3 zväzky zelenej cibule (asi 12 uncí)

3 lyžice extra panenského olivového oleja

1 šálka veľkých zelených olív zbavených kôstok a nahrubo nasekaných

1. Vo veľkej miske prisypte droždie nad vodu. Necháme odstáť, kým kvások nie je krémový, asi 2 minúty. Miešame, kým sa droždie nerozpustí.

2. Pridajte olivový olej, 2 1/2 šálky múky a soľ. Zmes miešame, kým sa nevytvorí mäkké cesto. Cesto vyklopte na jemne pomúčenú dosku. Miesime, kým nebude hladké a elastické, asi 10 minút, v prípade potreby pridáme ďalšiu múku. Cesto by malo byť vlhké, ale nie lepkavé. Cesto vytvarujte do gule.

3. Veľkú misu namažte olejom a vložte do nej cesto, pričom ho raz otočte, aby sa naolejoval vrch. Zakryte plastovou fóliou a nechajte kysnúť na teplom mieste bez prievanu, kým nezdvojnásobí objem, asi 1 1/2 hodiny.

4. Medzitým si pripravte plnku: Nakrájajte cibuľu, odstráňte koniec koreňa a všetky pomliaždené vonkajšie listy. Orežte asi 1 palec od vrchov. Cibuľu nakrájajte pozdĺžne na polovicu a potom priečne na 1/2-palcové kúsky.

5. Vo veľkej panvici zohrejte olej na stredne nízkej teplote. Vmiešame cibuľu. Panvicu prikryte a za občasného miešania

varte, kým cibuľa nezmäkne, ale nezhnedne, asi 10 minút. Odstráňte z ohňa. Vmiešame olivy a necháme vychladnúť.

6. Umiestnite stojan do stredu rúry. Predhrejte rúru na 400 °F. Cesto vyrovnajte, aby ste odstránili vzduchové bubliny. Cesto rozdeľte na 2 časti, jeden asi dvakrát väčší ako druhý.

7. Na jemne pomúčenej ploche rozvaľkajte väčší kus cesta na 12-palcový kruh. Voľne obtočte cesto okolo valčeka a preneste ho do 9-palcovej pružinovej formy. Cesto vycentrujte na panvicu a rovnomerne pritlačte, aby pasovalo. Náplň rovnomerne rozotrite na cesto a nechajte okolo 1-palcový okraj.

8. Zvyšné cesto rozvaľkajte na 9-palcový kruh. Kruh položte na náplň. Okraje cesta pritlačte k sebe, aby sa uzavrelo. Malým ostrým nožom vyrežte v hornej časti cesta osem 1/2-palcových zárezov.

9. Pečieme 40 minút alebo do zhnednutia. Chladíme 10 minút na mriežke. Odstráňte boky panvice. Nechajte vychladnúť ešte 15 minút. Podávajte horúce alebo pri izbovej teplote.

Maslové krúžky

Bussolai

Robí 36

Tieto benátske sušienky sa pripravujú jednoducho a je potešením ich mať po dome na poludňajšie občerstvenie alebo kedykoľvek, keď sa hostia zastavia.

1 šálka cukru

½ šálky (1 tyčinka) nesoleného masla pri izbovej teplote

3 veľké žĺtky

1 lyžička strúhanej citrónovej kôry

1 lyžička strúhanej pomarančovej kôry

1 čajová lyžička čistého vanilkového extraktu

2 šálky univerzálnej múky

½ lyžičky soli

1 bielok, vyšľahaný do peny

1. Odložte 1/3 šálky cukru.

2. Vo veľkej mise elektrického mixéra vyšľaháme maslo so zvyšnými 2/3 šálky cukru pri strednej rýchlosti, kým nebude svetlé a nadýchané, asi 2 minúty. Po jednom zašľaháme žĺtky. Pridajte citrónovú a pomarančovú kôru a vanilkový extrakt a ešte asi 2 minúty šľahajte, škrabaním po stenách misy, do hladka.

3. Miešajte múku a soľ, kým sa dobre nezmiešajú. Cesto vytvarujte do gule. Zabaľte do plastovej fólie a nechajte v chladničke 1 hodinu až cez noc.

4. Predhrejte rúru na 325 ° F. Vymastíme 2 veľké plechy na pečenie. Cesto nakrájajte na 6 kusov. Každý kus opäť rozdeľte na 6 kusov. Zrolujte každý kus do 4-palcového povrazu, vytvarujte do krúžku a konce pritlačte k sebe, aby ste utesnili. Umiestnite krúžky 1 palec od seba na pripravené plechy na pečenie. Zľahka potrieme bielkom a posypeme odloženou 1/3 šálky cukru.

5. Pečieme 15 minút alebo kým jemne nezhnedne. Pripravte si 2 drôtené chladiace stojany.

6. Plechy na pečenie preložíme na rošty. Sušienky nechajte 5 minút vychladnúť na plechu na pečenie a potom ich presuňte na mriežky, aby úplne vychladli. Uchovávajte vo vzduchotesnej nádobe až 2 týždne.

Citrónové uzly

Tarralucci

Robí 40

Každá talianska pekáreň v Brooklyne v New Yorku vyrábala tieto osviežujúce sicílske citrónové sušienky, keď som vyrastal. Rád ich podávam s ľadovým čajom.

Ak je počasie horúce a vlhké, námraza môže odmietnuť stuhnúť pri izbovej teplote. V tom prípade sušienky skladujte v chladničke.

4 šálky univerzálnej múky

4 lyžičky prášku do pečiva

1 šálka cukru

1/2 šálky tuhého zeleninového tuku

3 veľké vajcia

1/2 šálky mlieka

2 lyžice citrónovej šťavy

2 lyžičky strúhanej citrónovej kôry

Poleva

1 1/2 šálky cukrárskeho cukru

1 polievková lyžica čerstvo vylisovanej citrónovej šťavy

2 lyžičky strúhanej citrónovej kôry

Mlieko

1. Preosejte múku a prášok do pečiva na kus voskového papiera.

2. Vo veľkej mise elektrickým mixérom pri strednej rýchlosti vyšľaháme cukor a pokrmový tuk do svetlej a nadýchanej hmoty, asi 2 minúty. Po jednom zašľaháme vajcia, kým sa dobre nerozmiešajú. Vmiešame mlieko, citrónovú šťavu a kôru. Oškrabte boky misky. Miešajte suché prísady do hladka, asi 2 minúty. Zakryte plastovým obalom a dajte do chladničky aspoň na 1 hodinu.

3. Predhrejte rúru na 350 ° F. Pripravte si 2 veľké plechy na pečenie. Oddeľte kúsok cesta vo veľkosti golfovej loptičky. Cesto zľahka zviňte do 6-palcového povrazu. Zviažte lano do uzla. Uzol položte na nevymastený plech. Pokračujte vo vytváraní uzlov a ukladajte ich asi 1 palec od seba na listy.

4. Pečieme sušienky 12 minút alebo kým nie sú pevné, keď sú stlačené navrchu, ale nezhnednú. Pripravte si 2 drôtené chladiace stojany.

5. Plechy na pečenie preložíme na rošty. Sušienky nechajte 5 minút vychladnúť na plechu na pečenie a potom ich presuňte na mriežky, aby úplne vychladli.

6. Zmiešajte cukrársky cukor, citrónovú šťavu a kôru vo veľkej miske. Po 1 čajovej lyžičke pridávajte mlieko a miešajte, kým zmes nevytvorí tenkú polevu s konzistenciou hustej smotany.

7. Vrchy sušienok namáčame v poleve. Umiestnite ich na stojan, kým poleva nestuhne. Skladujte vo vzduchotesných nádobách do 3 dní.

Spice Cookies

Bicciolani

Robí 75

V kaviarňach v Turíne si môžete objednať barbajadu, kombináciu napoly kávy a napoly horúcej čokolády. Bolo by to perfektné s týmito tenkými, maslovým korenistým koláčikom.

1 šálka (2 tyčinky) nesoleného masla pri izbovej teplote

1 šálka cukru

1 žĺtok

2 šálky univerzálnej múky

½ lyžičky soli

1 lyžička mletej škorice

⅛ lyžičky čerstvo nastrúhaného muškátového oriešku

⅛ lyžičky mletých klinčekov

1. Predhrejte rúru na 350 ° F. Vymastite panvicu na želé s rozmermi 15 × 10 × 1 palca.

2. V miske zmiešame múku, soľ a korenie.

3. Vo veľkej miske elektrického mixéra vyšľaháme maslo, cukor a vaječný žĺtok pri strednej rýchlosti, kým nebudú svetlé a nadýchané, asi 2 minúty. Znížte rýchlosť na nízku a miešajte suché prísady, kým sa dôkladne nepremiešajú, ešte asi 2 minúty.

4. Cesto rozdrobte na pripravenú panvicu. Cesto rukami pevne vytlačte do rovnomernej vrstvy. Zadnou stranou vidličky vytvorte na vrchu cesta plytké hrebene.

5. Pečieme 25 až 30 minút alebo kým jemne nezhnedne. Presuňte panvicu na drôtený chladiaci stojan. Chladiť 10 minút. Potom cesto nakrájajte na 2 × 1-palcové sušienky.

6. Úplne vychladnúť na panvici. Skladujte pri izbovej teplote vo vzduchotesnej nádobe až 2 týždne.

Oblátkové sušienky

Pizzelle

Robí asi 2 tucty

Mnoho rodín v strednom a južnom Taliansku je hrdých na svoje žehličky na pizzu, krásne spracované formy tradične používané na výrobu týchto pekných oblátok. Na niektorých žehličkách sú vyrazené iniciály pôvodného majiteľa, zatiaľ čo iné majú siluety, ako napríklad pár, ktorý si pripeká pohárom vína. Kedysi boli typickým svadobným darom.

Hoci sú tieto staromódne žehličky očarujúce, sú na dnešných sporákoch ťažké a nepraktické. Elektrický lis na pizzu, podobný žehličke na vaflovanie, robí tieto koláčiky efektívnu a rýchlu prácu.

Keď sú čerstvo vyrobené, pizzely sú ohybné a dajú sa formovať do tvaru kužeľa, rúrky alebo pohára. Môžu byť plnené šľahačkou, zmrzlinou, cannoli krémom alebo ovocím. Okamžite vychladnú a skrehnú, takže na ich tvarovaní musíte pracovať rýchlo a opatrne. Samozrejme, sú aj dobré ploché.

1 3/4 šálky nebielenej viacúčelovej múky

1 lyžička prášku do pečiva

Štipka soli

3 veľké vajcia

2/3 šálky cukru

1 polievková lyžica čistého vanilkového extraktu

1 tyčinka (1/2 šálky) nesoleného masla, rozpusteného a vychladnutého

1. Predhrejte stroj na výrobu pizze podľa pokynov výrobcu. V miske zmiešame múku, prášok do pečiva a soľ.

2. Vo veľkej mise vyšľaháme vajcia, cukor a vanilku elektrickým šľahačom pri strednej rýchlosti do zhustnutia a svetla, asi 4 minúty. Zašľaháme maslo. Miešajte suché prísady, kým sa nezmiešajú, asi 1 minútu.

3. Do stredu každej formy na pizzu vložte asi 1 polievkovú lyžicu cesta. (Presné množstvo bude závisieť od prevedenia formy.) Zatvorte pokrievku a pečte do jemne zlatista. To bude závisieť od výrobcu a od toho, ako dlho sa forma zahrieva. Po 30 sekundách to dôkladne skontrolujte.

4. Keď sú pizze zlaté, vysuňte ich z foriem pomocou drevenej alebo plastovej špachtle. Necháme naplocho vychladnúť na mriežke. Alebo, ak chcete vyrobiť poháre na sušienky, ohnite každú pizzu

do krivky širokej šálky na kávu alebo dezert. Ak chcete vyrobiť škrupiny cannoli, vytvarujte ich okolo rúrok cannoli alebo drevenej hmoždinky.

5. Keď sú pizze vychladnuté a chrumkavé, skladujte ich vo vzduchotesnej nádobe, kým nie sú pripravené na použitie. Tie trvajú niekoľko týždňov.

Variácia: Aníz: Vanilku nahraďte 1 lyžicou anízového extraktu a 1 lyžicou anízových semienok. Pomaranč alebo citrón: Do vaječnej zmesi pridajte 1 polievkovú lyžicu strúhanej čerstvej pomarančovej alebo citrónovej kôry. Rum alebo mandle: Namiesto vanilky vmiešajte 1 polievkovú lyžicu rumu alebo mandľového extraktu. Orech: Vmiešame 1/4 šálky orechov pomletých na veľmi jemný prášok spolu s múkou.

Sladké ravioli

Ravioli Dolci

Tvorí 2 tucty

Džem plní tieto chrumkavé dezertné ravioli. Postačí akákoľvek príchuť, pokiaľ má hustú konzistenciu, aby zostala na mieste a počas pečenia nevytiekla z cesta. Toto bol obľúbený recept môjho otca, ktorý ho zdokonalil zo svojich spomienok na koláčiky, ktoré vyrábala jeho mama.

1 3/4 šálky viacúčelovej múky

1/2 šálky zemiakového alebo kukuričného škrobu

1/2 lyžičky soli

1/2 šálky (1 tyčinka) nesoleného masla pri izbovej teplote

1/2 šálky cukru

1 veľké vajce

2 lyžice rumu alebo brandy

1 lyžička strúhanej citrónovej kôry

1 čajová lyžička čistého vanilkového extraktu

1 šálka hustého višňového, malinového alebo marhuľového džemu

1. Vo veľkej mise preosejte múku, škrob a soľ.

2. Vo veľkej mise elektrickým mixérom vyšľaháme maslo s cukrom do svetlej a nadýchanej hmoty, asi 2 minúty. Zašľaháme vajce, rum, kôru a vanilku. Na nízkej rýchlosti primiešame suché ingrediencie.

3. Cesto rozdeľte na polovicu. Každú polovicu vytvarujte do kotúča. Každý zvlášť zabaľte do plastu a nechajte v chladničke 1 hodinu až cez noc.

4. Predhrejte rúru na 350 ° F. Vymastíme 2 veľké plechy na pečenie.

5. Cesto rozvaľkajte na hrúbku 1/8 palca. S drážkovaným vykrajovačom na cestoviny alebo cestoviny nakrájajte cesto na 2-palcové štvorce. Umiestnite štvorce asi 1 palec od seba na pripravené plechy na pečenie. Do stredu každého štvorca položte 1/2 lyžičky džemu. (Nepoužívajte viac džemu, inak plnka pri pečení vytečie.)

6. Zvyšné cesto rozvaľkajte na hrúbku 1/8 palca. Cesto nakrájajte na 2-palcové štvorce.

7. Džem prikryjeme štvorčekmi cesta. Okraje dookola roztlačíme vidličkou, aby sa plnka uzavrela.

8. Pečieme 16 až 18 minút, alebo kým jemne nezhnedne. Pripravte si 2 drôtené chladiace stojany.

9. Plechy na pečenie preložíme na rošty. Sušienky nechajte 5 minút vychladnúť na plechu na pečenie a potom ich presuňte na mriežky, aby úplne vychladli. Posypeme cukrárskym cukrom. Uchovávajte vo vzduchotesnej nádobe až 1 týždeň.

"Škaredé, ale dobré" sušienky

Brutti ma Buoni

Tvorí 2 tucty

„Škaredé, ale dobré" je význam názvu týchto piemontských koláčikov. Názov je len polovičný: Koláčiky nie sú škaredé, ale sú dobré. Technika ich výroby je nezvyčajná. Cesto na sušienky sa pred pečením varí v hrnci.

3 veľké bielka pri izbovej teplote

Štipka soli

1 1/2 šálky cukru

1 šálka nesladeného kakaového prášku

1 1/4 šálky lieskových orechov, opražených, olúpaných a nahrubo nasekaných (pozriAko opekať a oriešky z kože)

1. Predhrejte rúru na 300 ° F. Vymastíme 2 veľké plechy na pečenie.

2. Vo veľkej mise elektrickým mixérom pri strednej rýchlosti vyšľaháme bielka a soľ do peny. Zvýšte rýchlosť na vysokú a

postupne pridajte cukor. Šľaháme, kým sa po zdvihnutí šľahačov nevytvoria mäkké vrcholy.

3. Na nízkej rýchlosti primiešame kakao. Vmiešame lieskové oriešky.

4. Zmes nastrúhajte do veľkého ťažkého hrnca. Varte na strednom ohni za stáleho miešania drevenou vareškou, kým nie je zmes lesklá a hladká, asi 5 minút. Dávajte pozor, aby sa nepripálil.

5. Horúce cesto ihneď po lyžiciach kvapkajte na pripravené plechy na pečenie. Pečieme 30 minút alebo kým nie sú pevné a na povrchu mierne popraskané.

6. Kým sú sušienky ešte horúce, pomocou kovovej špachtle s tenkou čepeľou ich presuňte na mriežku, aby vychladli. Uchovávajte vo vzduchotesnej nádobe až 2 týždne.

Jam Spots

Biscotti di Marmellata

Robí 40

Čokoláda, orechy a džem sú víťaznou kombináciou v týchto chutných koláčikoch. Na vianočných podnosoch sú vždy hitom.

¾ šálky (1½ tyčiniek) nesoleného masla pri izbovej teplote

½ šálky cukru

½ lyžičky soli

3 unce horkej čokolády, rozpustenej a vychladenej

2 šálky univerzálnej múky

¾ šálky jemne nasekaných mandlí

½ šálky hustého malinového džemu bez semien

1. Predhrejte rúru na 350 ° F. Vymastíme 2 veľké plechy na pečenie.

2. Vo veľkej mise elektrickým šľahačom pri strednej rýchlosti vyšľaháme maslo, cukor a soľ do svetlej a nadýchanej hmoty, asi

2 minúty. Pridajte rozpustenú čokoládu a šľahajte, kým sa dobre nezmieša, pričom zoškrabte steny misky. Vmiešame múku do hladka.

3. Vložte orechy do plytkej misky. Z cesta tvarujte 1-palcové guľôčky. Guľôčky vyvaľkáme v orechoch a jemne pritlačíme, aby priľnuli. Na pripravené plechy položte guličky asi 11/2 palca od seba.

4. Rukoväťou drevenej lyžice vypichnite hlbokú dieru do každej guľôčky cesta a vytvarujte cesto okolo rukoväte, aby sa zachoval okrúhly tvar. Do každého koláčika vložte asi 1/4 lyžičky džemu. (Nepridávajte viac džemu, pretože sa môže roztopiť a vytiecť, keď sa koláčiky pečú.)

5. Pečte sušienky 18 až 20 minút, alebo kým džem nezačne bublať a sušienky jemne nezhnednú. Pripravte si 2 drôtené chladiace stojany.

6. Plechy na pečenie preložíme na rošty. Sušienky nechajte 5 minút vychladnúť na plechu na pečenie a potom ich presuňte na mriežky, aby úplne vychladli. Uchovávajte vo vzduchotesnej nádobe až 2 týždne.

Orieškové sušienky s dvojitou čokoládou

Biscotti al Cioccolato

Robí 4 tucty

Tieto bohaté sušienky majú v ceste čokoládu, rozpustenú aj na kúsky. V Taliansku som ich ešte nevidel, ale sú podobné tým, čo som ochutnal v kaviarňach tu.

2 1/2 šálky viacúčelovej múky

2 lyžičky prášku do pečiva

1/2 lyžičky soli

3 veľké vajcia pri izbovej teplote

1 šálka cukru

1 čajová lyžička čistého vanilkového extraktu

6 uncí horkej čokolády, rozpustenej a vychladenej

6 lyžíc (1/2 tyčinky plus 2 lyžice) nesoleného masla, rozpusteného a vychladnutého

1 šálka vlašských orechov, nahrubo nasekaných

1 šálka čokoládových lupienkov

1. Umiestnite stojan do stredu rúry. Predhrejte rúru na 300 ° F. 2 veľké plechy na pečenie vymastíme a vysypeme múkou.

2. Vo veľkej mise preosejte múku, prášok do pečiva a soľ.

3. Vo veľkej mise elektrickým mixérom pri strednej rýchlosti vyšľaháme vajcia, cukor a vanilku do peny a svetla, asi 2 minúty. Vmiešajte čokoládu a maslo, kým sa nezmiešajú. Pridajte múčnu zmes a miešajte do hladka, ešte asi 1 minútu. Vmiešame oriešky a čokoládové lupienky.

4. Cesto rozdeľte na polovicu. Navlhčenými rukami vytvarujte každý kúsok na pripravenom plechu na poleno s rozmermi 12 × 3 palce. Pečte 35 minút, alebo kým polienka nie sú pevné, keď sú stlačené v strede. Vyberte panvicu z rúry, ale nevypínajte teplo. Nechajte 10 minút vychladnúť.

5. Posuňte polená na dosku na krájanie. Polená nakrájajte na plátky s hrúbkou 1/2 palca. Plátky poukladáme na plech. Pečte 10 minút, alebo kým nebudú sušienky jemne opečené.

6. Pripravte si 2 veľké chladiace stojany. Plechy na pečenie preložíme na rošty. Sušienky nechajte 5 minút vychladnúť na

plechu a potom ich presuňte na mriežky, aby úplne vychladli. Uchovávajte vo vzduchotesnej nádobe až 2 týždne.

Čokoládové bozky

Baci di Cioccolato

Tvorí 3 tucty

Čokoládové a vanilkové „bozky" sú obľúbené vo Verone, domove Rómea a Júlie, kde sa vyrábajú v rôznych kombináciách.

1 2/3 šálky viacúčelovej múky

1/3 šálky nesladeného kakaového prášku holandského procesu, preosiateho

1/4 lyžičky soli

1 šálka (2 tyčinky) nesoleného masla pri izbovej teplote

1/2 šálky cukrárskeho cukru

1 čajová lyžička čistého vanilkového extraktu

1/2 šálky jemne nasekaných pražených mandlí (pozriAko opekať a oriešky z kože)

Plnenie

2 unce polosladkej alebo horkej čokolády, nasekanej

2 lyžice nesoleného masla

⅓ šálky mandlí, pražených a jemne nasekaných

1. Vo veľkej mise preosejeme múku, kakao a soľ.

2. Vo veľkej mise elektrickým mixérom pri strednej rýchlosti vyšľaháme maslo s cukrom do svetlej a nadýchanej hmoty, asi 2 minúty. Zašľaháme vanilku. Vmiešajte suché ingrediencie a mandle, kým sa nezmiešajú, ešte asi 1 minútu. Zakryte plastom a nechajte v chladničke 1 hodinu až noc.

3. Predhrejte rúru na 350 ° F. Pripravte si 2 nevymastené plechy na pečenie. Rozvaľkajte po lyžičkách cesta do 3/4-palcových guľôčiek. Umiestnite guľôčky 1 palec od seba na plechy na pečenie. Prstami stlačte guľôčky, aby ste ich mierne sploštili. Pečieme sušienky, kým nie sú pevné, ale nie zhnednuté, 10 až 12 minút. Pripravte si 2 veľké chladiace stojany.

4. Plechy na pečenie preložíme na rošty. Sušienky nechajte 5 minút vychladnúť na plechu a potom ich presuňte na mriežky, aby úplne vychladli.

5. Priveďte asi 2 palce vody do varu v spodnej polovici dvojitého kotla alebo malého hrnca. Vložte čokoládu a maslo do hornej polovice dvojitého kotla alebo do malej žiaruvzdornej misky, ktorá sa pohodlne zmestí na panvicu. Položte misku nad vriacu

vodu. Necháme odkryté odstáť, kým čokoláda nezmäkne. Miešajte do hladka. Vmiešame mandle.

6. Naneste malé množstvo plniacej zmesi na spodok jedného koláčika. Druhú sušienku položte spodnou stranou nadol na náplň a zľahka pritlačte. Umiestnite sušienky na mriežku, kým náplň nestuhne. Opakujte so zvyšnými koláčikmi a náplňou. Uchovávajte vo vzduchotesnej nádobe v chladničke až 1 týždeň.

Nepečená čokoláda "Salame"

Salame del Cioccolato

Urobí 32 koláčikov

Špecialitou Piemontu sú chrumkavé čokoládové orieškové plátky, ktoré nevyžadujú pečenie. Ak chcete, amaretti môžu byť nahradené inými sušienky, ako sú vanilkové alebo čokoládové oblátky, grahamové sušienky alebo krehké pečivo. Najlepšie je pripraviť ich niekoľko dní vopred, aby sa chute premiešali. Ak likér nechcete použiť, nahraďte ho lyžicou pomarančového džúsu.

18 sušienok amaretti

1/3 šálky cukru

1/3 šálky nesladeného kakaového prášku

1/2 šálky (1 tyčinka) nesoleného masla, zmäknutého

1 lyžica grappy alebo rumu

1/3 šálky nasekaných vlašských orechov

1. Vložte cookies do plastového vrecka. Sušienky rozdrvte valčekom alebo ťažkým predmetom. Malo by tam byť asi 3/4 šálky strúhanky.

2. Vložte omrvinky do veľkej misy. Drevenou vareškou vmiešame cukor a kakao. Pridajte maslo a grappu. Miešame, kým sa suché ingrediencie nezvlhčia a nezmiešajú. Vmiešame vlašské orechy.

3. Položte 14-palcový list plastového obalu na rovný povrch. Nalejte zmes cesta na plastovú fóliu. Z cesta vytvarujte poleno s rozmermi 8 × 21/2 palca. Poleno zrolujte do plastovej fólie a konce prehnite, aby sa úplne uzavrelo. Poleno chlaďte najmenej 24 hodín a až 3 dni.

4. Poleno nakrájajte na 1/4 palca hrubé plátky. Podávame vychladené. Sušienky uchovávajte vo vzduchotesnej plastovej nádobe v chladničke až 2 týždne.

Sušienky Prato

Biscotti di Prato

Robí asi 4 1/2 tucta

V meste Prato v Toskánsku sú to klasické sušienky, ktoré sa namáčajú do vin santo, skvelého dezertného vína regiónu. Konzumované obyčajné, sú skôr suché, preto si poskytnite nápoj na ich namočenie.

2 1/2 šálky viacúčelovej múky

1 1/2 lyžičky prášku do pečiva

1 lyžička soli

4 veľké vajcia

3/4 šálky cukru

1 lyžička strúhanej citrónovej kôry

1 lyžička strúhanej pomarančovej kôry

1 čajová lyžička čistého vanilkového extraktu

1 šálka pražených mandlí (viďAko opekať a oriešky z kože)

1. Umiestnite stojan do stredu rúry. Predhrejte rúru na 325 ° F. Veľký plech vymastíme a vysypeme múkou.

2. V strednej miske preosejte múku, prášok do pečiva a soľ.

3. Vo veľkej mise elektrickým mixérom vyšľaháme vajcia a cukor na strednej rýchlosti do svetlej peny, asi 3 minúty. Zašľaháme citrónovú a pomarančovú kôru a vanilku. Na nízkej rýchlosti vmiešame suché ingrediencie a potom mandle.

4. Ľahko navlhčite ruky. Z cesta vytvarujte dve polená s rozmermi 14 × 2 palce. Polená položte na pripravený plech na pečenie niekoľko centimetrov od seba. Pečte 30 minút alebo kým nie sú pevné a zlaté.

5. Vyberte plech na pečenie z rúry a znížte teplotu rúry na 300 ° F. Polená necháme vychladnúť na plechu 20 minút.

6. Posuňte polená na dosku na krájanie. Veľkým ťažkým kuchárskym nožom nakrájajte polená na uhlopriečke na 1/2 palca hrubé plátky. Plátky poukladáme na plech. Pečieme 20 minút alebo do jemne zlatistej farby.

7. Sušienky premiestnite na mriežky, aby vychladli. Skladujte vo vzduchotesnej nádobe.

Ovocné a orechové biscotti z Umbrie

Tozzetti

Robí 80

Tieto sušienky sú vyrobené bez tuku a dlho vydržia vo vzduchotesnej nádobe. Chuť sa skutočne zlepšuje, takže si ich naplánujte pripraviť niekoľko dní pred podávaním.

3 šálky univerzálnej múky

½ šálky kukuričného škrobu

2 lyžičky prášku do pečiva

3 veľké vajcia

3 žĺtky

2 polievkové lyžice Marsala, vin santo alebo sherry

1 šálka cukru

1 šálka hrozienok

1 šálka mandlí

¼ šálky nasekanej kandizovanej pomarančovej kôry

¼ šálky nasekaného kandizovaného citrónu

1 lyžička anízových semienok

1. Predhrejte rúru na 350 ° F. Vymastíme 2 veľké plechy na pečenie.

2. V strednej miske preosejte múku, kukuričný škrob a prášok do pečiva.

3. Vo veľkej mise elektrickým mixérom vyšľaháme vajcia, žĺtky a Marsalu. Pridajte cukor a šľahajte, kým sa dobre nezmieša, asi 3 minúty. Zmiešajte suché prísady, hrozienka, mandle, kôru, citrón a anízové semienka, kým sa nezmiešajú. Cesto bude tuhé. Ak je to potrebné, vyklopte cesto na dosku a mieste ho, kým sa nezmieša.

4. Cesto rozdeľte na štvrtiny. Navlhčite si ruky studenou vodou a vytvarujte každú štvrtinu do 10-palcového polena. Polená položte 2 palce od seba na pripravené plechy na pečenie.

5. Polená pečieme 20 minút, alebo kým nebudú po stlačení v strede pevné a po okrajoch nebudú zlatohnedé. Vyberte polená z rúry, ale nechajte rúru zapnutú. Polená necháme 5 minút vychladnúť na plechu na pečenie.

6. Posuňte polená na dosku na krájanie. Veľkým kuchárskym nožom ich nakrájajte na 1/2 palca hrubé plátky. Plátky položte na plechy na pečenie a pečte 10 minút alebo kým nebudú jemne opečené.

7. Pripravte si 2 veľké chladiace stojany. Presuňte sušienky na stojany. Necháme úplne vychladnúť. Uchovávajte vo vzduchotesnej nádobe až 2 týždne.

Citrónové sušienky

Biscotti al Limone

Robí 48

Citrón a mandle ochutia tieto sušienky.

1 1/2 šálky viacúčelovej múky

1 lyžička prášku do pečiva

¼ lyžičky soli

½ šálky (1 tyčinka) nesoleného masla pri izbovej teplote

½ šálky cukru

2 veľké vajcia pri izbovej teplote

2 čajové lyžičky čerstvo nastrúhanej citrónovej kôry

1 šálka pražených mandlí, nahrubo nasekaných

1. Umiestnite stojan do stredu rúry. Predhrejte rúru na 350 ° F. Veľký plech vymastíme a vysypeme múkou.

2. V miske preosejeme múku, prášok do pečiva a soľ.

3. Vo veľkej mise elektrickým mixérom vyšľaháme maslo s cukrom do svetlej a nadýchanej hmoty, asi 2 minúty. Po jednom zašľaháme vajíčka. Pridajte citrónovú kôru, vyškrabte vnútro misky gumovou špachtľou. Postupne vmiešajte múčnu zmes a orechy, kým sa nezmiešajú.

4. Cesto rozdeľte na polovicu. Navlhčenými rukami vytvarujte na pripravenom plechu z každého kusu poleno s rozmermi 12 × 2 palce. Pečte 20 minút, alebo kým polená nie sú jemne hnedé a pevné, keď sú stlačené v strede. Vyberte panvicu z rúry, ale nevypínajte teplo. Polená necháme 10 minút vychladnúť na plechu.

5. Posuňte polená na dosku na krájanie. Polená nakrájajte na plátky s hrúbkou 1/2 palca. Plátky poukladáme na plech. Pečte 10 minút, alebo kým nebudú sušienky jemne opečené.

6. Pripravte si 2 veľké chladiace stojany. Presuňte sušienky na stojany. Necháme úplne vychladnúť. Uchovávajte vo vzduchotesnej nádobe až 2 týždne.

Orechové biscotti

Biscotti di Noce

Robí asi 80

Olivový olej možno použiť na pečenie v širokej škále receptov. Použite extra panenský olivový olej s jemnou príchuťou. Dopĺňa mnoho druhov orechov a citrusových plodov. Tu je recept na sušienky, ktorý som vyvinul pre článok vo Washington Post o pečení s olivovým olejom.

2 šálky univerzálnej múky

1 lyžička prášku do pečiva

1 lyžička soli

2 veľké vajcia pri izbovej teplote

2/3 šálky cukru

1/2 šálky extra panenského olivového oleja

1/2 lyžičky strúhanej citrónovej kôry

2 šálky pražených vlašských orechov (viďAko opekať a oriešky z kože)

1. Predhrejte rúru na 325 ° F. Vymastíme 2 veľké plechy na pečenie.

2. Vo veľkej mise zmiešajte múku, prášok do pečiva a soľ.

3. V ďalšej veľkej miske vyšľaháme vajcia, cukor, olej a citrónovú kôru, kým sa dobre nezmiešajú. Drevenou lyžicou primiešajte suché ingrediencie, kým sa nezmiešajú. Vmiešame vlašské orechy.

4. Cesto rozdeľte na štyri časti. Kúsky vytvarujte do 12 × 11/2-palcových polien a položte ich niekoľko centimetrov od seba na pripravené plechy na pečenie. Pečieme 20 až 25 minút alebo kým jemne nezhnedne. Vyberte z rúry, ale nevypínajte ju. Sušienky necháme 10 minút vychladnúť na plechu.

5. Posuňte polená na dosku na krájanie. Veľkým ťažkým nožom nakrájajte polená diagonálne na 1/2-palcové plátky. Plátky položte na plechy na pečenie a vráťte ich do rúry. Pečieme 10 minút alebo kým nie sú opečené a zlatisté.

6. Pripravte si 2 veľké chladiace stojany. Presuňte sušienky na stojany. Necháme úplne vychladnúť. Uchovávajte vo vzduchotesnej nádobe až 2 týždne.

Mandľové makrónky

Amaretti

Tvorí 3 tucty

V južnom Taliansku sa vyrábajú mletím sladkých aj horkých mandlí. Horké mandle, ktoré pochádzajú z konkrétnej odrody mandľového stromu, sa v Spojených štátoch nepredávajú. Majú chuťovú zložku podobnú kyanidu, smrteľnému jedu, preto nie sú schválené na komerčné použitie. Najbližšie k správnej chuti je komerčná mandľová pasta a trochu mandľového extraktu. Mandľovú pastu si nemýľte s marcipánom, ktorý je podobný, ale má vyšší obsah cukru. Kúpte si mandľovú pastu predávanú v plechovkách pre najlepšiu chuť. Ak ho nenájdete, spýtajte sa v miestnej pekárni, či vám nejaké nepredá.

Tieto sušienky sa lepia, preto ich pečiem na nepriľnavých podložkách na pečenie známych ako Silpat. Rohože nikdy nepotrebujú mazanie, ľahko sa čistia a sú opakovane použiteľné. Nájdete ich v dobrých obchodoch s kuchynskými potrebami. Ak nemáte podložky, plechy na pečenie môžete vyložiť pergamenovým papierom alebo alobalom.

1 (8 uncí) plechovka mandľovej pasty, rozdrobená

1 šálka cukru

2 veľké bielka, pri izbovej teplote

¼ lyžičky mandľového extraktu

36 kandizovaných čerešní alebo celých mandlí

1. Predhrejte rúru na 350 ° F. 2 veľké plechy na pečenie vysteľte pergamenovým papierom alebo alobalom.

2. Do veľkej misy rozdrobte mandľovú pastu. Elektrickým mixérom pri nízkej rýchlosti zašľaháme cukor, kým sa nezmieša. Pridajte vaječný bielok a mandľový extrakt. Zvýšte rýchlosť na strednú a šľahajte do hladka, asi 3 minúty.

3. Naberte 1 polievkovú lyžicu cesta a zľahka ho zviňte do gule. Ak je to potrebné, navlhčite si končeky prstov studenou vodou, aby ste zabránili prilepeniu. Umiestnite guľôčky asi jeden palec od seba na pripravený plech. Na vrch cesta vtlačíme čerešňu alebo mandľu.

4. Pečte 18 až 20 minút, alebo kým sušienky jemne nezhnednú. Necháme krátko vychladnúť na plechu.

5. Pomocou tenkej kovovej špachtle preneste sušienky na mriežky, aby úplne vychladli. Sušienky skladujte vo vzduchotesných

nádobách. (Ak chcete tieto sušienky uchovávať dlhšie ako jeden alebo dva dni, zmrazte ich, aby si zachovali mäkkú štruktúru. Môžu sa konzumovať priamo z mrazničky.)

Makrónky z píniových oriešok

Biscotti di Pinoli

Robí 40

V priebehu rokov som urobil veľa variácií týchto cookies. Táto verzia je moja obľúbená, pretože je vyrobená z mandľovej pasty a mletých mandlí pre chuť aj textúru a má pridanú bohatú chuť pražených píniových oriešok (pignoli).

1 (8 uncí) plechovka mandľovej pasty

⅓ šálky jemne mletých blanšírovaných mandlí

2 veľké vaječné bielka

1 šálka cukrárskeho cukru plus viac na zdobenie

2 šálky píniových oriešok alebo strúhaných mandlí

1. Umiestnite stojan do stredu rúry. Predhrejte rúru na 350 ° F. Veľký plech na pečenie vymastíme.

2. Vo veľkej mise rozdrobte mandľovú pastu. Elektrickým mixérom na strednej rýchlosti vyšľaháme mandle, vaječné bielky a 1 šálku cukrárenského cukru do hladka.

3. Naberte lyžicu cesta. Cesto rozvaľkajte v píniových oriešavkoch, úplne ho zakryte a vytvorte guľu. Položte guľu na pripravený plech. Opakujte so zvyšnými ingredienciami a guľôčky umiestnite asi 1 palec od seba.

4. Pečieme 18 až 20 minút alebo do zhnednutia. Položte plech na chladiaci rošt. Sušienky necháme 2 minúty vychladnúť na plechu.

5. Presuňte sušienky na stojany, aby úplne vychladli. Poprášime cukrárskym cukrom. Uchovávajte vo vzduchotesnej nádobe v chladničke až 1 týždeň.

Orieškové tyčinky

Nocciolate

Tvorí 6 desiatok

Tieto jemné, drobivé tyčinky sú plné orechov. Sotva držia pohromade a rozplývajú sa v ústach. Podávajte ich s čokoládovou zmrzlinou.

2 1/3 šálky viacúčelovej múky

1 1/2 šálky olúpaných, opečených lieskových orieškov, nasekaných nadrobno (viďAko opekať a oriešky z kože)

1 1/2 šálky cukru

1/2 lyžičky soli

1 šálka (2 tyčinky) nesoleného masla, rozpusteného a vychladnutého

1 veľké vajce plus 1 žĺtok, rozšľahaný

1. Umiestnite stojan do stredu rúry. Predhrejte rúru na 350 ° F. Vymastite panvicu na želé s rozmermi 15 × 10 × 1 palca.

2. Vo veľkej mise drevenou lyžicou zmiešajte múku, orechy, cukor a soľ. Pridajte maslo a miešajte, kým nebude rovnomerne

navlhčené. Pridajte vajcia. Miešajte, kým sa dobre nezmieša a zmes nedrží pohromade.

3. Nalejte zmes do pripravenej panvice. Pevne ho rozotrite do rovnomernej vrstvy.

4. Pečieme 30 minút alebo do zlatista. Ešte horúce nakrájajte na obdĺžniky 2 × 1 palec.

5. Nechajte 10 minút vychladnúť na panvici. Presuňte sušienky na veľké stojany, aby úplne vychladli.

Sušienky z orechového masla

Biscotti di Noce

Robí 5 desiatok

Orechové a maslové, tieto sušienky v tvare polmesiaca z Piemontu sú ideálne na Vianoce. Aj keď sa často vyrábajú z lieskových orechov, rád používam vlašské orechy. Mandle môžu byť tiež nahradené.

Tieto sušienky môžu byť úplne vyrobené v kuchynskom robote. Ak ho nemáte, pomeľte orechy a cukor v mixéri alebo mlynčeku na orechy a potom ručne primiešajte zvyšné ingrediencie.

1 šálka kúskov vlašských orechov

1/3 šálky cukru plus 1 šálka navyše na rolovanie koláčikov

2 šálky univerzálnej múky

1 šálka (2 tyčinky) nesoleného masla pri izbovej teplote

1. Predhrejte rúru na 350 ° F. 2 veľké plechy na pečenie vymastíme a vysypeme múkou.

2. V kuchynskom robote zmiešajte vlašské orechy a cukor. Spracovávame, kým orechy nie sú nasekané nadrobno. Pridajte múku a spracujte, kým sa nezmieša.

3. Po troche pridajte maslo a premiešajte. Vyberte cesto z nádoby a vytlačte ho rukami.

4. Do plytkej misky nasypte zvyšnú 1 šálku cukru. Odštipnite kúsok cesta vo veľkosti vlašského orecha a vytvarujte z neho guľu. Vytvarujte guľu do tvaru polmesiaca, pričom konce zužujte. Mesiačik jemne vyvaľkáme v cukre. Polmesiačik položíme na pripravený plech. Opakujte so zvyšným cestom a cukrom, pričom každý koláčik umiestnite asi 1 palec od seba.

5. Pečieme 15 minút alebo kým jemne nezhnedne. Umiestnite plechy na mriežky na 5 minút vychladnúť.

6. Presuňte sušienky na stojany, aby úplne vychladli. Uchovávajte vo vzduchotesnej nádobe až 2 týždne.

Rainbow Cookies

Biscotti Tricolori

Robí asi 4 tucty

Aj keď som ich v Taliansku nikdy nevidel, tieto „dúhové" alebo trojfarebné sušienky s čokoládovou polevou sú obľúbené v talianskych a iných pekárňach v Spojených štátoch. Bohužiaľ sú často sfarbené krikľavo a môžu byť suché a bez chuti.

Vyskúšajte tento recept a uvidíte, aké dobré môžu byť tieto koláčiky. Ich výroba je trochu náročná, ale výsledky sú veľmi pekné a chutné. Ak nechcete použiť potravinárske farbivo, sušienky budú stále atraktívne. Pre pohodlie je najlepšie mať tri rovnaké pekáče. Ale stále môžete sušienky robiť iba s jednou panvicou, ak pečiete jednu dávku cesta naraz. Hotové sušienky dobre uchovávajte v chladničke.

8 uncí mandľovej pasty

1 1/2 šálky (3 tyčinky) nesoleného masla

1 šálka cukru

4 veľké vajcia, oddelené

¼ lyžičky soli

2 šálky nebielenej viacúčelovej múky

10 kvapiek červeného potravinárskeho farbiva alebo podľa chuti (voliteľné)

10 kvapiek zeleného potravinárskeho farbiva alebo podľa chuti (voliteľné)

1/2 šálky marhuľových konzerv

1/2 šálky malinového džemu bez semien

1 (6 uncový) balík polosladkých čokoládových lupienkov

1. Predhrejte rúru na 350 ° F. Vymastite tri rovnaké formy na pečenie s rozmermi 13 × 9 × 2 palcov. Panvice vystelieme voskovým papierom a papier vymastíme.

2. Rozdrobte mandľovú pastu do veľkej misky mixéra. Pridajte maslo, 1/2 šálky cukru, žĺtky a soľ. Šľaháme do svetlej a nadýchanej hmoty. Miešajte múku, kým sa nezmieša.

3. V ďalšej veľkej mise vyšľaháme čistými šľahačmi bielka na strednej rýchlosti do peny. Postupne zašľaháme zvyšný cukor. Zvýšte rýchlosť na vysokú. Pokračujte v šľahaní, kým bielka nevytvoria mäkké vrcholy, keď sú šľahače zdvihnuté.

4. Gumenou stierkou vmiešame 1/3 bielkov do žĺtkovej zmesi, aby sa zosvetlila. Postupne vmiešame zvyšné bielky.

5. Naberte 1/3 cesta do jednej misky a ďalšiu 1/3 do druhej misky. Ak používate potravinárske farbivo, zložte červenú do jednej misky a zelenú do druhej.

6. Rozložte každú misku cesta do samostatnej pripravenej panvice a rovnomerne ju vyhladzujte špachtľou. Vrstvy pečieme 10 až 12 minút, kým nebude koláč stuhnutý a po okrajoch veľmi jemne zafarbený. Nechajte 5 minút vychladnúť na panvici, potom zdvihnite vrstvy na chladiace stojany a nechajte voskový papier pripevnený. Necháme úplne vychladnúť.

7. Pomocou papiera nadvihnite jednu vrstvu, prevráťte koláč a položte ho papierovou stranou nahor na veľký podnos. Opatrne odlepte papier. Potrieme tenkou vrstvou malinového džemu.

8. Položte druhú vrstvu papierom nahor na prvú. Odstránime papier a koláč potrieme marhuľovým džemom.

9. Položte zvyšnú vrstvu papierom nahor. Odlepte papier. Veľkým ťažkým nožom a pravítkom ako vodidlom orežte okraje torty, aby boli vrstvy rovné a rovnomerné dookola.

10. Priveďte asi 2 palce vody do varu v spodnej polovici dvojitého kotla alebo malého hrnca. Vložte čokoládové lupienky do hornej polovice dvojitého kotla alebo do malej žiaruvzdornej misky, ktorá sa pohodlne zmestí na panvicu. Položte misku nad vriacu

vodu. Necháme odkryté odstáť, kým čokoláda nezmäkne. Miešajte do hladka. Na vrstvy torty nalejeme rozpustenú čokoládu a stierkou dohladka rozotrieme. Dáme do chladničky, kým čokoláda nezačne tuhnúť, asi 30 minút. (Nedovoľte, aby príliš stvrdla, inak pri krájaní praskne.)

11. Vyberte koláč z chladničky. Pomocou pravítka alebo inej rovnej hrany ako vodidla rozrežeme tortu pozdĺžne na 6 pásikov tak, že najskôr rozkrojíme na tretiny, potom každú tretinu prekrojíme na polovicu. Krížom narežeme na 5 pásikov. Nakrájaný koláč chlaďte na panvici v chladničke, kým čokoláda nie je pevná. Podávajte alebo preložte sušienky do vzduchotesnej nádoby a skladujte v chladničke. Tieto dobre vydržia niekoľko týždňov.

Vianočné figové sušienky

Cuccidati

Urobí 18 veľkých koláčikov

Bez týchto koláčikov si Vianoce neviem predstaviť. Pre mnohých Sicílčanov je ich výroba rodinným projektom. Ženy miesia a vaľkajú cesto, zatiaľ čo muži sekajú a melú suroviny na plnku. Deti zdobia naplnené koláčiky. Tradične sú rezané do mnohých fantazijných tvarov pripomínajúcich vtáky, listy alebo kvety. Niektoré rodiny ich vyrábajú desiatky, aby ich rozdali priateľom a susedom.

Cesto

2 1/2 šálky viacúčelovej múky

1/3 šálky cukru

2 lyžičky prášku do pečiva

1/2 lyžičky soli

6 lyžíc nesoleného masla

2 veľké vajcia pri izbovej teplote

1 čajová lyžička čistého vanilkového extraktu

Plnenie

2 šálky vlhkých sušených fíg, stopky odstránené

½ šálky hrozienok

1 šálka vlašských orechov, opečených a nasekaných

½ šálky nasekanej polosladkej čokolády (asi 2 unce)

⅓ šálky medu

¼ šálky pomarančového džúsu

1 lyžička pomarančovej kôry

1 lyžička mletej škorice

⅛ lyžičky mletých klinčekov

zhromaždenie

1 žĺtok rozšľahaný s 1 lyžičkou vody

Farebné cukríkové posýpky

1. Pripravte cesto: Vo veľkej mise zmiešajte múku, cukor, prášok do pečiva a soľ. Maslo nakrájajte pomocou elektrického mixéra

alebo mixéra na pečivo, kým zmes nebude pripomínať hrubú strúhanku.

2. V miske vyšľaháme vajíčka a vanilku. Pridajte vajcia k suchým prísadám a miešajte drevenou vareškou, kým sa cesto rovnomerne nenavlhčí. Ak je cesto príliš suché, primiešajte po niekoľkých kvapkách trochu studenej vody.

3. Cesto zhromaždíme do gule a položíme na fóliu z plastovej fólie. Vyrovnajte ho na kotúč a dobre zabaľte. Dajte do chladničky aspoň na 1 hodinu alebo cez noc.

4. Pripravte plnku: V kuchynskom robote alebo mlynčeku na mäso pomelte figy, hrozienka a orechy, až kým nebudú nahrubo nakrájané. Vmiešame zvyšné ingrediencie. Ak do hodiny nepoužijete, prikryte ho a dajte do chladničky.

5. Na zostavenie pečiva predhrejte rúru na 375 ° F. Vymastíme dva veľké plechy na pečenie.

6. Cesto nakrájajte na 6 kusov. Na jemne pomúčenej ploche rozvaľkajte každý kúsok na poleno dlhé asi 4 palce.

7. Pomúčeným valčekom rozvaľkajte jedno poleno na obdĺžnik s rozmermi 9 × 5 palcov. Orezajte okraje.

8. Lyžicou naneste 3/4-palcový pás plnky pozdĺžne mierne na jednu stranu stredu vyvaľkaného cesta. Preložte jednu dlhú stranu cesta na druhú a okraje pritlačte k sebe, aby sa uzavreli. Naplnené cesto rozrežeme priečne na 3 rovnaké časti.

9. Ostrým nožom narežte cez náplň a cesto zárezy dlhé 3/4 palca v 1/2-palcových intervaloch. Mierne ich zahnite, aby sa otvorili štrbiny a odhalila sa figová náplň, a položte pečivo na plechy na pečenie jeden palec od seba.

10. Pečivo potrieme vajcom. Ak chcete, pokvapkajte cukrovinkami. Opakujte so zvyšnými ingredienciami.

11. Cookies pečieme 20 až 25 minút alebo do zlatista.

12. Sušienky ochlaďte na drôtených mriežkach. Uchovávajte vo vzduchotesnej nádobe v chladničke až 1 mesiac.

Mandľový krehký

Croccante alebo Torrone

Pripraví 10 až 12 porcií

Sicílčania vyrábajú tieto sladkosti s píniovými orieškami, pistáciami alebo sezamovými semienkami namiesto mandlí. Citrón je ideálny na vyhladenie horúceho sirupu.

Zeleninový olej

2 šálky cukru

¼ šálky medu

2 šálky mandlí (10 uncí)

1 celý citrón, umytý a osušený

1. Potrite mramorový povrch alebo kovový plech na pečenie rastlinným olejom s neutrálnou príchuťou.

2. V strednom hrnci zmiešajte cukor a med. Varte na miernom ohni za občasného miešania, kým sa cukor nezačne topiť, asi 20 minút. Priveďte do varu a varte bez miešania ďalších 5 minút, alebo kým nebude sirup číry.

3. Pridajte orechy a varte, kým sirup nezíska jantárovú farbu, asi 3 minúty. Horúci sirup opatrne nalejte na pripravený povrch, pomocou citróna uhlaďte orechy do jednej vrstvy. Necháme úplne vychladnúť. Keď je krehká studená a tvrdá, po približne 30 minútach zasuňte pod ňu tenkú kovovú špachtľu. Zdvihnite krehký a rozlomte ho na 11/2-palcové kúsky. Skladujte vo vzduchotesných nádobách pri izbovej teplote.

Rolky zo sicílskych orechov

Mostaccioli

Vyrobí 64 koláčikov

Kedysi sa tieto sušienky vyrábali z koncentrovanej šťavy z hroznového vína Mosto cotto. Dnešní kuchári používajú med.

Cesto

3 šálky univerzálnej múky

½ šálky cukru

1 lyžička soli

½ šálky skrátenie

4 polievkové lyžice (1/2 tyčinky) nesoleného masla, pri izbovej teplote

2 veľké vajcia

2 až 3 lyžice studeného mlieka

Plnenie

1 šálka pražených mandlí

1 šálka pražených vlašských orechov

½ šálky opečených a zbavených lieskových orechov

¼ šálky cukru

¼ šálky medu

2 čajové lyžičky pomarančovej kôry

¼ lyžičky mletej škorice

Cukrárenský cukor

1. Vo veľkej miske zmiešajte múku, cukor a soľ. Nakrájajte tuk a maslo, kým zmes nebude pripomínať hrubú strúhanku.

2. V malej miske rozšľaháme vajíčka s dvoma lyžicami mlieka. Pridajte zmes k suchým prísadám, miešajte, kým cesto nie je rovnomerne navlhčené. Ak treba, primiešame ešte trochu mlieka.

3. Cesto zhromaždíme do gule a položíme na fóliu z plastovej fólie. Vyrovnajte ho na kotúč a dobre zabaľte. Odložte do chladničky na 1 hodinu až do noci.

4. Orechy a cukor spracujte v kuchynskom robote. Spracujte do poriadku. Pridajte med, kôru a škoricu a spracujte, kým sa

nezmiešajú. Predhrejte rúru na 350 ° F. Vymastíme 2 veľké plechy na pečenie.

5. Cesto rozdeľte na 4 časti. Rozvaľkajte jeden kus medzi dvoma listami plastového obalu, aby ste vytvorili štvorec o niečo väčší ako 8 palcov. Orezajte okraje a nakrájajte cesto na 2-palcové štvorce. Po jednej strane každého štvorca položte vrchovatú lyžičku plnky. Cesto zrolujte, aby sa plnka úplne uzavrela. Položte na pekáč švom nadol. Opakujte so zvyšným cestom a náplňou a ukladajte sušienky 1 palec od seba.

6. Pečte 18 minút, alebo kým sušienky jemne nezhnednú. Sušienky premiestnite na mriežky, aby vychladli. Uchovávajte v tesne uzavretej nádobe až 2 týždne. Pred podávaním posypte cukrárskym cukrom.

Piškóta

Pan di Spagna

Vytvára dve 8- alebo 9-palcové vrstvy

Tento klasický a všestranný taliansky piškótový koláč sa dobre hodí k plnkám, ako sú ovocné zaváraniny, šľahačka, pečivo, zmrzlina alebo ricotta. Koláč sa tiež dobre mrazí, takže je vhodné ho mať po ruke na rýchle dezerty.

Maslo na panvicu

6 veľkých vajec pri izbovej teplote

2/3 šálky cukru

1 1/2 lyžičky čistého vanilkového extraktu

1 šálka preosiatej viacúčelovej múky

1. Umiestnite stojan do stredu rúry. Predhrejte rúru na 375 ° F. Dve 8- alebo 9-palcové poschodové tortové formy vymastite maslom. Spodok panvíc vysteľte kruhmi z voskovaného papiera alebo pergamenového papiera. Namažte papier maslom. Panvice poprášime múkou a prebytočnú časť vyklepeme.

2. Vo veľkej miske s elektrickým mixérom začnite šľahať vajcia pri nízkej rýchlosti. Pomaly pridávajte cukor, postupne zvyšujte rýchlosť mixéra na vysokú. Pridajte vanilku. Vajcia šľaháme do hustej a svetložltej farby, asi 7 minút.

3. Vložte múku do sitka s jemnými okami. K vaječnej zmesi pretrepte asi jednu tretinu múky. Postupne a veľmi jemne gumenou stierkou vmiešame múku. Opakujte, pridajte múku v 2 prídavkoch a premiešajte, kým nezostanú žiadne pruhy.

4. Cesto rovnomerne rozotrieme do pripravených foriem. Pečte 20 až 25 minút, alebo kým koláčiky po miernom stlačení v strede nevyskočia a vrch jemne nezhnedne. Pripravte si 2 chladiace stojany. Koláče 10 minút ochlaďte na panviciach na mriežkach.

5. Prevráťte koláče na rošty a vyberte formy. Opatrne odlepte papier. Necháme úplne vychladnúť. Ihneď podávajte alebo prikryte obrátenou miskou a skladujte pri izbovej teplote až 2 dni.

Citrusová piškóta

Torta di Agrumi

Podáva 10 až 12

Olivový olej dodáva tomuto koláču výraznú chuť a textúru. Použite jemný olivový olej, inak môže byť chuť rušivá. Pretože neobsahuje maslo, mlieko ani iné mliečne výrobky, je tento koláč dobrý pre ľudí, ktorí tieto jedlá nemôžu jesť.

Je to veľký koláč, aj keď je veľmi ľahký a vzdušný. Na jej upečenie budete potrebovať 10-palcovú rúrovú panvicu s odnímateľným dnom – druh, ktorý sa používa na anjelské koláče.

Trocha tatárskeho krému, ktorý je k dispozícii vo väčšine supermarketov v sekcii s korením, pomáha stabilizovať vaječné bielky v tomto veľkom koláči.

2 1/4 šálky hladkej tortovej múky (nie samokysnúcej)

1 lyžica prášku do pečiva

1 lyžička soli

6 veľkých vajec, oddelených, pri izbovej teplote

1 1/4 šálky cukru

1 1/2 lyžičky pomarančovej kôry

1 1/2 lyžičky strúhanej citrónovej kôry

3/4 šálky čerstvo vylisovanej pomarančovej šťavy

1/2 šálky extra panenského olivového oleja

1 čajová lyžička čistého vanilkového extraktu

1/4 lyžičky smotany zubného kameňa

1. Umiestnite rošt do spodnej tretiny rúry. Predhrejte rúru na 325 ° F. Vo veľkej mise preosejte múku, prášok do pečiva a soľ.

2. Vo veľkej mise elektrickým mixérom vyšľaháme žĺtky, 1 šálku cukru, pomarančovú a citrónovú kôru, pomarančovú šťavu, olej a vanilkový extrakt do hladka, asi 5 minút. Gumenou stierkou vmiešame tekutinu do suchých surovín.

3. V ďalšej veľkej mise s čistými šľahačmi vyšľaháme bielka na strednej rýchlosti do peny. Postupne pridávame zvyšnú 1/4 šálky cukru a smotanu z vínneho kameňa. Zvýšte rýchlosť na vysokú. Šľaháme, kým sa nevytvoria mäkké vrcholy, keď sa šľahače zdvihnú, asi 5 minút. Bielky vmiešame do cesta.

4. Cesto zoškrabte do nevymastenej 10-palcovej rúrkovej formy s odnímateľným dnom. Pečte 55 minút alebo kým koláč nie je zlatohnedý a špáradlo zapichnuté do stredu nevyjde čisté.

5. Formu položte hore dnom na chladiacu mriežku a nechajte koláč úplne vychladnúť. Prejdite tenkým nožom po vnútornej strane formy, aby sa koláč uvoľnil. Vytiahnite koláč a spodok formy. Zasuňte nôž pod koláč a odstráňte dno formy. Ihneď podávajte alebo prikryte prevrátenou miskou a skladujte pri izbovej teplote až 2 dni.

Citrónovo-olivovo-olejová torta

Torta di Limone

Vyrába 8 porcií

Ľahký, citrónový koláč z Apúlie, ktorý je vždy potešením mať po ruke.

1 1/2 šálky hladkej tortovej múky (nie samokysnúcej)

1 1/2 lyžičky prášku do pečiva

1/2 lyžičky soli

3 veľké vajcia pri izbovej teplote

1 šálka cukru

1/3 šálky olivového oleja

1 čajová lyžička čistého vanilkového extraktu

1 lyžička strúhanej citrónovej kôry

1/4 šálky čerstvo vylisovanej citrónovej šťavy

1. Rošt umiestnite do najnižšej tretiny rúry. Predhrejte rúru na 350 ° F. Namažte 9-palcovú pružinovú panvicu.

2. Vo veľkej mise preosejte múku, prášok do pečiva a soľ.

3. Vajcia rozbijeme do veľkej misky elektrického mixéra. Šľaháme na strednej rýchlosti, kým nebude hustá a svetložltá, asi 5 minút. Pomaly pridajte cukor a šľahajte ešte 3 minúty. Pomaly pridávajte olej. Beat ešte jednu minútu. Pridajte vanilku a citrónovú kôru.

4. Gumenou stierkou pridávajte suché ingrediencie v troch prídavkoch, striedavo s citrónovou šťavou v dvoch prídavkoch.

5. Cesto vyškrabte do pripravenej panvice. Pečte 35 až 40 minút alebo kým koláč nie je zlatohnedý a po stlačení v strede nevyskočí.

6. Otočte panvicu hore dnom na mriežku. Necháme úplne vychladnúť. Prejdite nožom okolo vonkajšieho okraja a vyberte ho. Ihneď podávajte alebo prikryte prevrátenou miskou a skladujte pri izbovej teplote až 2 dni.

Mramorová torta

Torta Marmorata

Vyrába 8 až 10 porcií

V Taliansku sa raňajkám nevenuje veľká pozornosť. Vajcia a cereálie sa jedia len zriedka a väčšina Talianov si vystačí s kávou s toastom alebo možno s obyčajným koláčikom alebo dvoma. Hotelové raňajky často prekompenzujú cudzie chute bohatou ponukou údenín, syrov, ovocia, vajec, jogurtov, chleba a pečiva. V jednom hoteli v Benátkach som zbadal nádhernú mramorovú tortu, jednu z mojich osobných obľúbených tort, hrdo vystavenú na stojane na torty. Bolo to nebeské so šálkou cappuccina a rovnako by som si to užil aj pri čaji. Čašník mi povedal, že koláč bol dodávaný denne čerstvý z miestnej pekárne, kde to bola špecialita. Toto je moja verzia, inšpirovaná tou v Benátkach.

1 1/2 šálky hladkej tortovej múky (nie samokysnúcej)

1 1/2 lyžičky prášku do pečiva

1/2 lyžičky soli

3 veľké vajcia pri izbovej teplote

1 šálka cukru

⅓ šálky rastlinného oleja

1 čajová lyžička čistého vanilkového extraktu

¼ lyžičky mandľového extraktu

½ šálky mlieka

2 unce horkej alebo polosladkej čokolády, rozpustenej a ochladenej

1. Rošt rúry umiestnite do najnižšej tretiny rúry. Predhrejte rúru na 325 ° F. 10-palcovú rúrovú panvicu vymastíme a vysypeme múkou a prebytočnú múku vyklepeme.

2. Vo veľkej mise preosejte múku, prášok do pečiva a soľ.

3. V ďalšej veľkej miske elektrickým mixérom šľaháme vajcia pri strednej rýchlosti, kým nebudú husté a svetložlté, asi 5 minút. Pomaly po lyžiciach zašľaháme cukor. Pokračujte v šľahaní ďalšie 2 minúty.

4. Postupne zašľaháme olej a extrakty. Pridajte múku v 3 prídavkoch, striedavo pridávajte mlieko v dvoch prídavkoch.

5. Odstráňte asi 1 1/2 šálky cesta a vložte ho do malej misky. Odložte bokom. Zvyšné cesto vyškrabte do pripravenej formy.

6. Do odloženého cesta vmiešame rozpustenú čokoládu. Na cesto v panvici položte veľké lyžice čokoládového cesta. Ak chcete cesto točiť, držte stolový nôž špičkou nadol. Čepeľ noža vložte do cesta a jemne ním prejdite po panvici aspoň 2-krát.

7. Pečte 40 minút, alebo kým koláč nie je zlatohnedý a špáradlo po zasunutí do stredu nevyjde čisté. Nechajte vychladnúť na mriežke 10 minút.

8. Prevráťte koláč na stojan a vyberte panvicu. Otočte tortu pravou stranou nahor na inom stojane. Necháme úplne vychladnúť. Ihneď podávajte alebo prikryte obrátenou miskou a skladujte pri izbovej teplote až 2 dni.

Rumový koláč

Baba au Rhum

Vyrába 8 až 10 porcií

Podľa ľudovej historky tento koláčik vynašiel poľský kráľ, ktorému sa jeho babka, poľský kvasnicový koláč, príliš vysušil a vylial naň pohár rumu. Jeho výtvor dostal meno baba, po Ali Babovi z Arabskej noci. Ako sa stalo populárnym v Neapole, nie je isté, ale už je to nejaký čas.

Pretože je kysnutý skôr droždím ako práškom do pečiva, má baba hubovitú štruktúru, ktorá je ideálna na absorbovanie rumového sirupu. Niektoré verzie sa pečú v miniatúrnych formách na muffiny, iné majú cukrársky krémovú náplň. Rád to podávam s jahodami a šľahačkou na boku - nie typické, ale chutné a robí to krásnu prezentáciu.

1 balenie (2 1/2 lyžičky) aktívne sušené droždie alebo instantné droždie

1/4 šálky teplého mlieka (100° až 110°F)

6 veľkých vajec

2 2/3 šálky viacúčelovej múky

3 lyžice cukru

½ lyžičky soli

¾ šálky (1½ tyčiniek) nesoleného masla pri izbovej teplote

Sirup

2 šálky cukru

2 šálky vody

2 (2-palcové) prúžky citrónovej kôry

¼ šálky rumu

1. Namažte 10-palcovú rúrovú panvicu.

2. Do teplého mlieka prisypeme droždie. Nechajte odstáť, kým nie je krémová, asi 1 minútu, potom miešajte, kým sa nerozpustí.

3. Vo veľkej mise elektrickým mixérom pri strednej rýchlosti vyšľaháme vajcia do peny, asi 1 minútu. Zašľaháme múku, cukor a soľ. Pridajte droždie a maslo a šľahajte, kým sa dobre nezmiešajú, asi 2 minúty

4. Cesto vyškrabte do pripravenej formy. Zakryte plastovou fóliou a nechajte stáť na teplom mieste 1 hodinu alebo kým cesto nezdvojnásobí svoj objem.

5. Umiestnite stojan do stredu rúry. Predhrejte rúru na 400 ° F. Koláč pečieme 30 minút, alebo kým nie je zlatistý a špáradlo zapichnuté do stredu nevyjde čisté.

6. Prevráťte koláč na chladiacu mriežku. Vyberte panvicu a nechajte 10 minút vychladnúť.

7. Ak chcete pripraviť sirup, kombinujte cukor, vodu a citrónovú kôru v strednom hrnci. Zmes priveďte do varu a miešajte, kým sa cukor nerozpustí, asi 2 minúty. Odstráňte citrónovú kôru. Vmiešame rum. 1/4 šálky sirupu si odložte bokom.

8. Vráťte koláč späť do formy. Vidličkou vypichnite otvory po celom povrchu. Pomaly polievame sirupom, kým sú oba horúce. Necháme úplne vychladnúť na panvici.

9. Tesne pred podávaním preložte koláč na servírovací tanier a pokvapkajte zvyšným sirupom. Ihneď podávajte. Skladujte prikryté prevrátenou miskou pri izbovej teplote do 2 dní.

Babičkin koláč

Torta della Nonna

Vyrába 8 porcií

Nevedela som sa rozhodnúť, či tento recept – nazývaný torta della nonna – zaradiť medzi torty alebo koláče; keďže to však Toskánci volajú torta, zaraďujem ju ku koláčom. Skladá sa z dvoch vrstiev cesta naplnených hustým cukrárskym krémom. Neviem, koho babička to vymyslela, ale jej tortu má každý rád. Existuje veľa variácií, niektoré zahŕňajú citrónovú príchuť.

1 šálka mlieka

3 veľké žĺtky

1/3 šálky cukru

1 1/2 lyžičky čistého vanilkového extraktu

2 polievkové lyžice univerzálnej múky

2 lyžice pomarančového likéru alebo rumu

Cesto

1 2/3 šálky viacúčelovej múky

½ šálky cukru

1 lyžička prášku do pečiva

½ lyžičky soli

½ šálky (1 tyčinka) nesoleného masla pri izbovej teplote

1 veľké vajce, zľahka rozšľahané

1 čajová lyžička čistého vanilkového extraktu

1 vaječný žĺtok rozšľahaný s 1 lyžičkou vody na umytie vajec

2 lyžice píniových orieškov

Cukrárenský cukor

1. V strednom hrnci zohrejte mlieko na miernom ohni, kým sa okolo okrajov nevytvoria bublinky. Odstráňte z ohňa.

2. V strednej miske vyšľaháme žĺtky, cukor a vanilku do svetložltej farby, asi 5 minút. Zašľaháme múku. Za stáleho šľahania postupne prilievame horúce mlieko. Zmes preložíme do hrnca a na miernom ohni za stáleho miešania varíme až do varu. Znížte teplotu a varte 1 minútu. Zmes zoškrabte do misky. Vmiešame likér. Položte kúsok plastového obalu priamo na povrch

pudingu, aby ste zabránili tvorbe šupky. Odložte do chladničky na 1 hodinu až do noci.

3. Umiestnite stojan do stredu rúry. Predhrejte rúru na 350 ° F. Vymastite okrúhlu tortovú formu s rozmermi 9 × 2 palce.

4. Pripravte cesto: Vo veľkej mise zmiešajte múku, cukor, prášok do pečiva a soľ. Mixérom na pečivo nakrájajte maslo, kým zmes nebude pripomínať hrubú strúhanku. Pridajte vajce a vanilku a miešajte, kým sa nevytvorí cesto. Cesto rozdeľte na polovicu.

5. Polovicu cesta rovnomerne rozotrite na dno pripravenej formy. Cesto vtlačte na dno panvice a 1/2 palca po stranách. Rozotrite vychladený puding na stred cesta, pričom okolo okraja ponechajte 1-palcový okraj.

6. Na jemne pomúčenej doske rozvaľkajte zvyšné cesto na 91/2-palcový kruh. Cesto položte na plnku. Okraje cesta stlačíme k sebe, aby sa utesnilo. Vrch koláča potrieme vajcom. Posypeme píniovými orieškami. Malým nožom urobte v hornej časti niekoľko zárezov, aby mohla uniknúť para.

7. Pečieme 35 až 40 minút alebo do zlatista na vrchu. Necháme 10 minút vychladnúť v panvici na mriežke.

8. Prevráťte koláč na mriežku a potom ju prevráťte na inú mriežku, aby úplne vychladla. Pred podávaním posypte cukrárskym cukrom. Ihneď podávajte, alebo tortu zabaľte do plastovej fólie a dajte do chladničky na 8 hodín. Zabalíme a uložíme do chladničky.

Marhuľový mandľový koláč

Torta di Albicocche a Mandorle

Vyrába 8 porcií

Marhule a mandle sú veľmi kompatibilné príchute. Ak nemôžete nájsť čerstvé marhule, nahraďte broskyne alebo nektárinky.

Zálievka

2/3 šálky cukru

1/4 šálky vody

12 až 14 marhúľ alebo 6 až 8 broskýň, rozpolených, vykôstkovaných a nakrájaných na 1/4 palca hrubé plátky

Koláč

1 šálka viacúčelovej múky

1 lyžička prášku do pečiva

1/2 lyžičky soli

1/2 šálky mandľovej pasty

2 lyžice nesoleného masla

²/3 šálky cukru

½ lyžičky čistého vanilkového extraktu

2 veľké vajcia

²/3 šálky mlieka

1. Pripravte polevu: Vložte cukor a vodu do malého ťažkého hrnca. Varte na miernom ohni za občasného miešania, kým sa cukor úplne nerozpustí, asi 3 minúty. Keď zmes začne vrieť, prestaňte miešať a varte, kým sirup nezačne po okrajoch hnednúť. Potom jemne krúžte panvicou na ohni, kým sirup nie je rovnomerne zlatohnedý, asi ešte 2 minúty.

2. Chráňte si ruku držiakom na hrnce a ihneď nalejte karamel do okrúhlej tortovej formy s rozmermi 9 × 2 palce. Nakloňte panvicu, aby sa dno rovnomerne pokrylo. Nechajte karamel vychladnúť, kým stuhne, asi 5 minút.

3. Umiestnite stojan rúry do stredu rúry. Predhrejte rúru na 350 ° F. Na karamel poukladáme nakrájané ovocie, mierne ich prekrývame do kruhov.

4. Zmiešajte múku, prášok do pečiva a soľ v jemnom sitku umiestnenom na kuse voskového papiera. Suché suroviny preosejeme na papier.

5. Vo veľkej miske elektrického mixéra šľaháme mandľovú pastu, maslo, cukor a vanilku, kým nebude nadýchaná, asi 4 minúty. Jedno po druhom zašľaháme vajcia, pričom zoškrabeme bok misky. Pokračujte v šľahaní, kým nebude hladké a dobre premiešané, asi ešte 4 minúty.

6. S mixérom na nízkej rýchlosti vmiešame 1/3 múčnej zmesi. Pridajte 1/3 mlieka. Pridajte zvyšnú múčnu zmes a mlieko v ďalších dvoch prídavkoch rovnakým spôsobom, končiac múkou. Miešajte len do hladka.

7. Cesto nalejeme na ovocie. Pečte 40 až 45 minút, alebo kým koláč nezozlatne a špáradlo zapichnuté do stredu nevyjde čisté.

8. Koláč necháme 10 minút vychladnúť vo forme na mriežke. Tenkou kovovou špachtľou prejdite po vnútornej strane panvice. Prevráťte koláč na servírovací tanier (ovocie bude navrchu) a pred podávaním nechajte úplne vychladnúť. Ihneď podávajte alebo prikryte prevrátenou miskou a skladujte pri izbovej teplote až 24 hodín.

Letná ovocná torta

Torta dell'Estate

Vyrába 8 porcií

Mäkké kôstkové ovocie ako slivky, marhule, broskyne a nektárinky sú ideálne pre túto tortu. Skúste si ho pripraviť s kombináciou ovocia.

12 až 16 sušených sliviek alebo marhúľ alebo 6 stredných broskýň alebo nektáriniek, rozpolených, vykôstkovaných a nakrájaných na 1⁄2-palcové plátky

1 šálka viacúčelovej múky

1 lyžička prášku do pečiva

1⁄2 lyžičky soli

1⁄2 šálky (1 tyčinka) nesoleného masla pri izbovej teplote

2⁄3 šálky plus 2 lyžice cukru

1 veľké vajce

1 lyžička strúhanej citrónovej kôry

1 čajová lyžička čistého vanilkového extraktu

Cukrárenský cukor

1. Umiestnite stojan do stredu rúry. Predhrejte rúru na 350 ° F. Namažte 9-palcovú pružinovú panvicu.

2. Vo veľkej mise zmiešajte múku, prášok do pečiva a soľ.

3. V ďalšej veľkej miske vyšľaháme maslo s 2/3 šálky cukru, kým nebude svetlé a nadýchané, asi 3 minúty. Zašľaháme vajíčko, citrónovú kôru a vanilku do hladka. Pridajte suché prísady a miešajte, kým sa nezmiešajú, asi ešte 1 minútu.

4. Cesto vyškrabte do pripravenej panvice. Ovocie poukladajte tak, že ho mierne prekrývate, na vrch do sústredných kruhov. Posypeme zvyšnými 2 lyžicami cukru.

5. Pečte 45 až 50 minút, alebo kým koláč nie je zlatohnedý a špáradlo zapichnuté do stredu nevyjde čisté.

6. Nechajte koláč vychladnúť vo forme na mriežke 10 minút, potom odstráňte okraj formy. Nechajte koláč úplne vychladnúť. Pred podávaním posypte cukrárskym cukrom. Ihneď podávajte alebo prikryte prevrátenou miskou a skladujte pri izbovej teplote až 24 hodín.

Jesenná ovocná torta

Torta del Autunno

Vyrába 8 porcií

V tomto jednoduchom koláči sú dobré jablká, hrušky, figy alebo slivky. Cesto tvorí vrchnú vrstvu, ktorá ovocie úplne nepokrýva a umožňuje mu preniknúť cez povrch koláča. Rád ho podávam mierne teplý.

1 1/2 šálky viacúčelovej múky

1 lyžička prášku do pečiva

1/2 lyžičky soli

2 veľké vajcia

1 šálka cukru

1 čajová lyžička čistého vanilkového extraktu

4 lyžice nesoleného masla, rozpusteného a vychladnutého

2 stredne veľké jablká alebo hrušky, ošúpané, zbavené jadrovníkov a nakrájané na tenké mesiačiky

Cukrárenský cukor

1. Umiestnite stojan do stredu rúry. Predhrejte rúru na 350 ° F. 9-palcovú jarnú tortovú formu vymastíme a vysypeme múkou. Prebytočnú múku vyklepeme.

2. V miske zmiešame múku, prášok do pečiva a soľ.

3. Vo veľkej miske vyšľaháme vajíčka s cukrom a vanilkou, kým sa nezmiešajú, asi 2 minúty. Zašľaháme maslo. Miešajte zmes múky, kým sa nezmieša, ešte asi 1 minútu.

4. Polovicu cesta rozotrite na pripravenú panvicu. Prikryjeme ovocím. Zvyšné cesto po lyžiciach dávame na vrch. Cesto rovnomerne rozotrieme na ovocie. Vrstva bude tenká. Ak ovocie nie je úplne zakryté, neznepokojujte sa.

5. Pečte 30 až 35 minút, alebo kým koláč nie je zlatohnedý a špáradlo zapichnuté do stredu nevyjde čisté.

6. Koláč necháme 10 minút vychladnúť vo forme na mriežke. Odstráňte okraj panvice. Koláč úplne ochlaďte na mriežke. Podávajte teplé alebo pri izbovej teplote posypané cukrárskym cukrom. Skladujte prikryté veľkou obrátenou miskou pri izbovej teplote až 24 hodín.

Polenta a hruškový koláč

Dolce di Polenta

Vyrába 8 porcií

Žltá kukuričná múka dodáva tomuto rustikálnemu koláču z Veneta príjemnú textúru a teplú zlatistú farbu.

1 šálka viacúčelovej múky

⅓ šálky jemne mletej žltej kukuričnej krupice

1 lyžička prášku do pečiva

½ lyžičky soli

¾ šálky (1½ tyčiniek) nesoleného masla, zmäknutého

¾ šálky plus 2 lyžice cukru

1 čajová lyžička čistého vanilkového extraktu

½ lyžičky strúhanej citrónovej kôry

2 veľké vajcia

⅓ šálky mlieka

1 veľká zrelá hruška zbavená jadierok a nakrájaná na tenké plátky

1. Umiestnite stojan do stredu rúry. Predhrejte rúru na 350 ° F. 9-palcovú pružinovú panvicu vymastíme a vysypeme múkou. Prebytočnú múku vyklepeme.

2. Vo veľkej mise preosejte múku, kukuričnú krupicu, prášok do pečiva a soľ.

3. Vo veľkej mise elektrickým mixérom vyšľaháme maslo, postupne pridávame 3/4 šálky cukru, kým nebude svetlý a nadýchaný, asi 3 minúty. Zašľaháme vanilku a citrónovú kôru. Po jednom zašľaháme vajcia a zoškrabeme steny misky. Na nízkej rýchlosti vmiešame polovicu suchých ingrediencií. Pridajte mlieko. Miešajte zvyšné suché prísady do hladka, asi 1 minútu.

4. Cesto rozotrieme do pripravenej panvice. Navrch poukladáme plátky hrušiek a mierne ich prekrývame. Posypte hrušku zvyšnými 2 lyžicami cukru.

5. Pečte 45 minút, alebo kým koláč nie je zlatohnedý a špáradlo zapichnuté do stredu nevyjde čisté.

6. Koláč ochlaďte na panvici 10 minút na mriežke. Odstráňte okraj formy a koláč úplne ochlaďte na mriežke. Ihneď podávajte alebo

prikryte veľkou obrátenou misou a uchovávajte pri izbovej teplote až 24 hodín.

Ricottový tvarohový koláč

Torta di Ricotta

Vyrobí 12 porcií

Rád si to predstavujem ako taliansky cheesecake v americkom štýle. Je to veľký koláč, hoci chuť je jemná, s citrónovou kôrou a škoricou. Tento koláč sa pečie vo vodnom kúpeli, aby sa uvaril rovnomerne. Dno panvice je zabalené vo fólii, aby sa zabránilo presakovaniu vody do panvice.

1 1/4 šálky cukru

1/3 šálky viacúčelovej múky

1/2 lyžičky mletej škorice

3 libry celej alebo čiastočne odstredenej ricotty

8 veľkých vajec

2 čajové lyžičky čistého vanilkového extraktu

2 lyžičky strúhanej citrónovej kôry

1. Umiestnite stojan do stredu rúry. Predhrejte rúru na 350 ° F. 9-palcovú pružinovú panvicu vymastíme a vysypeme múkou.

Prebytočnú múku vyklepeme. Umiestnite panvicu na 12-palcový štvorcový silnej hliníkovej fólie. Fóliu pevne vytvarujte okolo základne a asi 2 palce po stranách panvice, aby do nej nemohla vsiaknuť voda.

2. V strednej miske zmiešajte cukor, múku a škoricu.

3. Vo veľkej miske vyšľaháme ricottu do hladka. Zašľaháme vajcia, vanilku a citrónovú kôru, kým sa dobre nezmiešajú. (Pre jemnejšiu textúru ingrediencie vyšľahajte elektrickým mixérom alebo ich spracujte v kuchynskom robote.) Prišľahajte suché ingrediencie, kým sa nezmiešajú.

4. Nalejte cesto do pripravenej panvice. Vložte panvicu do veľkej pekáča a vložte ju do rúry. Do pekáča opatrne nalejte horúcu vodu do hĺbky 1 palca. Pečte 1 1/2 hodiny alebo kým vrch koláča nie je zlatistý a špáradlo zapichnuté 2 palce od stredu nevyjde čisté.

5. Vypnite rúru a mierne pootvorte dvierka. Koláč necháme 30 minút vychladnúť vo vypnutej rúre. Vyberte koláč z rúry a odstráňte fóliu. Ochlaďte na izbovú teplotu v panvici na mriežke.

6. Podávajte pri izbovej teplote alebo v chladničke a podávajte mierne vychladené. Uchovávajte prikryté prevrátenou miskou v chladničke až 3 dni.

Sicílsky koláč Ricotta

Cassata

Pripraví 10 až 12 porcií

Cassata je slávou sicílskych dezertov. Pozostáva z dvoch vrstiev pan di Spagna (Piškóta) plnené osladenou, ochutenou ricottou. Celá torta je poliata dvoma polevami, jednou z tónovanej mandľovej pasty a druhou ochutenou citrónom. Sicílčania zdobia tortu trblietavým kandizovaným ovocím a výrezmi z mandľovej pasty, aby vyzerala ako z rozprávky.

Cassata, ktorá sa pôvodne podávala len v čase Veľkej noci, sa teraz vyskytuje na oslavách počas celého roka.

2 Piškóta vrstvy

1 libra celej alebo čiastočne odstredenej ricotty

½ šálky cukrárskeho cukru

1 čajová lyžička čistého vanilkového extraktu

¼ lyžičky mletej škorice

½ šálky nasekanej polosladkej čokolády

2 lyžice nasekanej kandizovanej pomarančovej kôry

Poleva

4 unce mandľovej pasty

2 alebo 3 kvapky zeleného potravinárskeho farbiva

2 bielka

¼ lyžičky strúhanej citrónovej kôry

1 polievková lyžica čerstvej citrónovej šťavy

2 šálky cukrárskeho cukru

Kandizované alebo sušené ovocie, ako sú čerešne, ananás alebo citrón

1. V prípade potreby pripravíme piškótu. Potom vo veľkej mise drôtenou metličkou vyšľaháme ricottu, cukor, vanilku a škoricu, až kým nebude hladká a krémová. Primiešame čokoládu a pomarančovú kôru.

2. Položte jednu vrstvu koláča na servírovací tanier. Na vrch rozotrieme ricottovú zmes. Položte druhú vrstvu koláča na náplň.

3. Na ozdobu rozdrobte mandľovú pastu v kuchynskom robote s oceľovou čepeľou. Pridajte jednu kvapku potravinárskeho farbiva. Spracujte, kým nebude rovnomerne sfarbený do svetlozelenej farby, v prípade potreby pridajte viac farby. Odstráňte mandľovú pastu a vytvarujte z nej krátke hrubé poleno.

4. Mandľovú pastu nakrájajte na 4 pozdĺžne plátky. Umiestnite jeden plátok medzi dva listy voskového papiera. Pomocou valčeka ho vyrovnajte do úzkej stuhy s dĺžkou 3 palce a hrúbkou 1/8 palca. Rozbaľte a odrežte všetky drsné okraje, zvyšky si ponechajte. Opakujte so zvyšnou mandľovou pastou. Stuhy by mali mať približne rovnakú šírku ako je výška torty. Omotajte stužky mandľovej pasty po stranách okolo všetkých strán torty, pričom konce mierne prekrývajte.

5. Zozbierajte kúsky mandľovej pasty a znova ich zrolujte. Vykrajovačkami na sušienky nakrájajte na ozdobné tvary, ako sú hviezdičky, kvety alebo listy.

6. Pripravte polevu: Vyšľahajte bielka, citrónovú kôru a šťavu. Pridajte cukrársky cukor a miešajte do hladka.

7. Polevu rovnomerne rozotrieme po vrchnej časti torty. Ozdobte tortu výrezmi z mandľovej pasty a kandizovaným ovocím.

Zakryte veľkou prevrátenou misou a nechajte v chladničke až do času podávania, až 8 hodín. Zvyšky skladujte zakryté v chladničke až 2 dni.

Ricottový drobčekový koláč

Sbriciolata di Ricotta

Vyrába 8 porcií

Brunch, veľmi americké jedlo, je momentálne v móde v Miláne a ďalších mestách v severnom Taliansku. Toto je moja verzia strúhankového koláča plneného ricottou, ktorý som jedol na neskoré raňajky v kaviarni neďaleko námestia Piazza del Duomo v srdci Milána.

2 1/2 šálky viacúčelovej múky

1/2 lyžičky soli

1/2 lyžičky mletej škorice

3/4 šálky (1 1/2 tyčiniek) nesoleného masla

2/3 šálky cukru

1 veľké vajce

Plnenie

1 libra celej alebo čiastočne odstredenej ricotty

¼ šálky cukru

1 lyžička strúhanej citrónovej kôry

1 veľké vajce, rozšľahané

¼ šálky hrozienok

Cukrárenský cukor

1. Umiestnite stojan do stredu rúry. Predhrejte rúru na 350 ° F. 9-palcovú pružinovú panvicu vymastíme a vysypeme múkou. Prebytočnú múku vyklepeme.

2. Vo veľkej mise zmiešajte múku, soľ a škoricu.

3. Vo veľkej mise elektrickým mixérom pri strednej rýchlosti vyšľaháme maslo s cukrom do svetlej a nadýchanej hmoty, asi 3 minúty. Zašľaháme vajíčko. Pri nízkej rýchlosti miešajte suché prísady, kým sa zmes nezmieša a nevytvorí pevné cesto, ešte asi 1 minútu.

4. Pripravte náplň: Miešajte ricottu, cukor a citrónovú kôru, kým sa nezmiešajú. Pridajte vajíčko a dobre premiešajte. Vmiešame hrozienka.

5. 2/3 cesta rozdrobíme na pripravenú panvicu. Pevne poklepte strúhanku, aby sa vytvorila spodná kôrka. Potrieme zmesou ricotty, pričom necháme okolo 1/2-palcový okraj. Na vrch rozdrobte zvyšné cesto a omrvinky rovnomerne rozsypte.

6. Pečte 40 až 45 minút, alebo kým koláč nie je zlatohnedý a špáradlo zapichnuté do stredu nevyjde čisté. Necháme vychladnúť v panvici na mriežke 10 minút.

7. Tenkou kovovou špachtľou prejdite po vnútornej strane panvice. Odstráňte okraj formy a koláč úplne ochlaďte. Pred podávaním posypte cukrárskym cukrom. Uchovávajte prikryté veľkou obrátenou miskou v chladničke až 2 dni.

Veľkonočná pšenično-bobuľová torta

La Pastiera

Pšeničné bobule dodávajú tomuto tradičnému neapolskému veľkonočnému koláču jemne žuvaciu textúru. Toto bol recept otcovej mamy, ktorý si priniesla z Procidy, ostrova pri pobreží Neapola. Neapolčania tento dezert milujú a v pekárňach a reštauráciách v okolí ho nájdete po celý rok. Kôra aj náplň sú ochutené škoricou a pomarančovo-kvetinovou vodou, jemnou esenciou vyrobenou z pomarančových kvetov, ktorá sa často používa v juhotalianskych dezertoch. Dá sa nájsť v mnohých gurmánskych obchodoch, obchodoch s koreninami a na etnických trhoch. Nahraďte čerstvý pomarančový džús, ak ho nemôžete nájsť. Lúpanú pšenicu často nájdete na talianskych trhoch a v obchodoch s prírodnými potravinami, prípadne vyskúšajtezdroje poštových objednávok.

Cesto

3 šálky univerzálnej múky

½ lyžičky mletej škorice

½ lyžičky soli

¾ šálky (1½ tyčiniek) nesoleného masla, zmäknutého

1 šálka cukrárskeho cukru

1 veľké vajce

2 veľké žĺtky

2 čajové lyžičky pomarančovo-kvetinovej vody

Plnenie

4 unce lúpanej pšenice (asi 1/2 šálky)

1/2 lyžičky soli

1/2 šálky (1 tyčinka) nesoleného masla, zmäknutého

1 lyžička strúhanej pomarančovej kôry

1 libra (2 šálky) celej alebo čiastočne odstredenej ricotty

4 veľké vajcia izbovej teploty

2/3 šálky cukru

3 lyžice pomarančovo-kvetinovej vody

1 lyžička mletej škorice

1/2 šálky veľmi jemne nasekaného kandizovaného citrónu

1/2 šálky veľmi jemne nasekanej kandizovanej pomarančovej kôry

Cukrárenský cukor

1. Pripravte cesto: Vo veľkej mise zmiešajte múku, škoricu a soľ.

2. Vo veľkej mise elektrickým šľahačom na strednej rýchlosti vyšľaháme maslo a cukrárenský cukor do svetlej a nadýchanej hmoty, asi 3 minúty. Pridáme vajce a žĺtky a vyšľaháme do hladka. Vmiešame pomarančovo-kvetinovú vodu. Pridajte suché prísady a miešajte, kým sa nezmiešajú, asi ešte 1 minútu.

3. 1/4 cesta vytvarujte do kotúča. Zo zvyšného cesta vytvorte druhý kotúč. Každý kus zabaľte do plastovej fólie a nechajte chladiť 1 hodinu až cez noc.

4. Pripravte plnku: Pšeno vložte do veľkej misy, pridajte studenú vodu na zakrytie a nechajte cez noc namočiť v chladničke. Pšenicu sceďte.

5. Namočenú pšenicu vložte do stredného hrnca so studenou vodou, aby ste ju zakryli. Pridajte soľ a priveďte do varu na strednom ohni. Varte za občasného miešania, kým pšenica nezmäkne, 20 až 30 minút. Scedíme a dáme do veľkej misy. Vmiešame maslo a pomarančovú kôru. Necháme vychladnúť.

6. Rošt umiestnite do spodnej tretiny rúry. Predhrejte rúru na 350 ° F. Vymastite a vysypte múkou panvicu s rozmermi 9 × 3 palcov.

Vo veľkej miske vyšľaháme ricottu, vajcia, cukor, pomarančovú vodu a škoricu. Šľaháme, kým sa nezmieša. Vmiešame pšeničnú zmes, citrón a kandizovanú pomarančovú kôru.

7. Väčší kus cesta rozvaľkajte na 16-palcový kruh. Cesto prehoďte cez valček. Pomocou kolíka ho nadvihnite a vložte cesto do formy a vyrovnajte všetky záhyby na vnútornej strane formy. Plnku natrieme na cesto a uhladíme vrch.

8. Rozvaľkajte menší kúsok cesta na 10-palcový kruh. Vrúbkovaným vykrajovačom cesto nakrájajte na pásiky široké 1/2 palca. Položte pásy cez náplň mriežkovaným vzorom. Konce pásikov pritlačte na cesto po stranách formy. Cesto odrežte, okolo okraja nechajte 1/2 palca prebytku a preložte okraj kôry cez konce mriežkových pásikov. Pevne zatlačte, aby ste utesnili.

9. Pečte 1 hodinu 10 minút, alebo kým koláč nie je na vrchu zlatohnedý a špáradlo zapichnuté do stredu nevyjde čisté.

10. Koláč necháme 15 minút vychladnúť vo forme na mriežke. Odstráňte okraj formy a nechajte koláč úplne vychladnúť na mriežke. Tesne pred podávaním posypeme cukrom. Uchovávajte prikryté prevrátenou miskou v chladničke až 3 dni.

Čokoládová oriešková torta

Torta Gianduja

Vyrába 8 až 10 porcií

Čokoláda a lieskový orech, obľúbená kombinácia v Piemonte, je známa ako gianduja (vyslovuje sa gyan-doo-ya). Nájdete tu veľa cukríkov vyrobených alebo plnených giandujou, gelato s príchuťou gianduja a najznámejšiu gianduju zo všetkých, Nutellu, krémovú čokoládovú oriešková nátierku, ktorú talianske deti uprednostňujú pred arašidovým maslom. Gianduja je tiež meno postavy z commedia dell'arte, ktorá predstavuje Turín, hlavné mesto Piemontu.

Tento piemontský koláč je tmavý, hustý a mimoriadne bohatý.

6 uncí polosladkej alebo horkej čokolády

12/3 šálky lieskových orechov, opečených a zbavených kože (pozriAko opekať a oriešky z kože)

1/2 šálky (1 tyčinka) nesoleného masla pri izbovej teplote

1 šálka cukru

5 veľkých vajec, oddelených

Štipka soli

Glazúra

6 uncí polosladkej alebo horkej čokolády, nasekanej

2 lyžice nesoleného masla

1. V spodnej polovici dvojitého kotla alebo v strednom hrnci priveďte do varu 2 palce vody. Vložte čokoládu do hornej polovice dvojitého kotla alebo do misky, ktorá bude pohodlne sedieť nad panvicou. Čokoládu necháme odstáť, kým nezmäkne, asi 5 minút. Miešajte do hladka. Necháme mierne vychladnúť.

2. Umiestnite stojan rúry do stredu rúry. Predhrejte rúru na 350 ° F. Vymastite okrúhlu tortovú formu s rozmermi 9 × 2 palce.

3. V kuchynskom robote alebo mixéri jemne nasekajte lieskové orechy. Odložte 2 polievkové lyžice.

4. Vo veľkej mise elektrickým mixérom pri strednej rýchlosti vyšľaháme maslo s cukrom do svetlej a nadýchanej hmoty, asi 3 minúty. Pridáme žĺtky a vyšľaháme do hladka. Gumenou varechou vmiešame čokoládu a lieskové oriešky.

5. Vo veľkej čistej mise s čistými šľahačmi vyšľaháme bielka a soľ na strednej rýchlosti do peny, asi 1 minútu. Zvýšte rýchlosť na

vysokú a šľahajte, kým sa nevytvoria mäkké vrcholy, asi 5 minút. Gumenou stierkou jemne vmiešajte veľkú lyžicu bielkov do čokoládovej zmesi, aby sa zosvetlila. Potom postupne zložte zvyšok. Cesto natrieme do pripravenej formy a uhladíme povrch. Pečte 55 až 60 minút, alebo kým nebude koláč po okrajoch pevný, ale v strede mierne vlhký.

6. Necháme 15 minút vychladnúť v panvici na mriežke. Potom koláč vyklopte na mriežku, prevráťte na inú mriežku a nechajte úplne vychladnúť pravou stranou nahor.

7. Pripravte polevu: Priveďte asi 2 palce vody do varu v spodnej polovici dvojitého kotla alebo malého hrnca. Vložte čokoládu a maslo do hornej polovice dvojitého kotla alebo do malej žiaruvzdornej misky, ktorá sa pohodlne zmestí na panvicu. Položte misku nad vriacu vodu. Necháme odkryté odstáť, kým čokoláda nezmäkne. Miešajte do hladka.

8. Položte tortu na stojan na tortu, ktorý je umiestnený na veľkom kuse voskového papiera. Tortu polejeme polevou a pomocou dlhej kovovej špachtle rovnomerne rozotrieme po bokoch a vrchu.

9. Okraj koláča posypte zvyšnými 2 polievkovými lyžicami nasekaných orechov. Necháme odstáť na chladnom mieste, kým glazúra nestuhne.

10. Podávajte pri izbovej teplote. Uchovávajte prikryté veľkou obrátenou miskou v chladničke až 3 dni.

Čokoládová mandľová torta

Torta Caprese

Vyrába 8 porcií

Nie som si istý, ako sa tento jemný koláčik stal špecialitou Capri, ale pre mňa je to skvelá pamiatka na moje návštevy tam. Podávame so šľahačkou.

8 uncí polosladkej alebo horkej čokolády

1 šálka (2 tyčinky) nesoleného masla pri izbovej teplote

1 šálka cukru

6 veľkých vajec, oddelených, pri izbovej teplote

1 1/2 šálky mandlí, veľmi jemne mletých

Štipka soli

Nesladený kakaový prášok

1. V spodnej polovici dvojitého kotla alebo v strednom hrnci priveďte do varu 2 palce vody. Vložte čokoládu do hornej polovice dvojitého kotla alebo do žiaruvzdornej misky, ktorá bude pohodlne sedieť nad panvicou. Čokoládu necháme odstáť,

kým nezmäkne, asi 5 minút. Miešajte do hladka. Necháme mierne vychladnúť.

2. Umiestnite stojan rúry do stredu rúry. Predhrejte rúru na 350 ° F. 9-palcovú okrúhlu tortovú formu vymastíme a vysypeme múkou. Prebytočnú múku vyklepeme.

3. Vo veľkej mise elektrickým mixérom pri strednej rýchlosti vyšľaháme maslo s 3/4 šálky cukru, kým nebude svetlé a nadýchané, asi 3 minúty. Po jednom pridávame žĺtky a po každom pridaní ich dobre prešľaháme. Gumenou stierkou vmiešame čokoládu a mandle.

4. Vo veľkej čistej mise s čistými šľahačmi vyšľaháme bielka so soľou na strednej rýchlosti do peny. Zvýšte rýchlosť na vysokú a zašľahajte zvyšnú 1/4 šálky cukru. Pokračujte v šľahaní, kým bielka nie sú lesklé a držia mäkké vrcholy, keď sú šľahače zdvihnuté, asi 5 minút.

5. Asi 1/4 bielkov vmiešame do čokoládovej zmesi, aby sa zosvetlila. Postupne vmiešame zvyšné bielky.

6. Cesto vyškrabte do pripravenej panvice. Pečte 45 minút, alebo kým koláč nie je po okrajoch stuhnutý, ale v strede mäkký a vlhký a špáradlo zapichnuté do stredu nevyjde posypané čokoládou. Necháme vychladnúť v panvici na mriežke 10 minút.

7. Tenkou kovovou špachtľou prejdite po vnútornej strane panvice. Prevráťte koláč na tanier. Otočte ho pravou stranou nahor na chladiaci stojan. Necháme úplne vychladnúť, potom poprášime kakaovým práškom. Podávajte pri izbovej teplote. Uchovávajte prikryté veľkou obrátenou miskou v chladničke až 3 dni.

Čokoládová pomarančová torta

Torta di Cioccolatta celá Arancia

Vyrába 8 porcií

Čokoláda a pomaranč tvoria vynikajúcu kombináciu v tomto nezvyčajnom koláči z Ligúrie. Na tento koláč určite použite vlhkú, voňavú kandizovanú pomarančovú kôru.

6 uncí horkej alebo polosladkej čokolády

6 veľkých vajec pri izbovej teplote, oddelených

2/3 šálky cukru

2 lyžice pomarančového likéru

12/3 šálky vlašských orechov, opečených a veľmi jemne nasekaných (pozriAko opekať a oriešky z kože)

1/3 šálky jemne nasekanej kandizovanej pomarančovej kôry

Cukrárenský cukor

1. Rošt umiestnite do spodnej tretiny rúry. Predhrejte rúru na 350 ° F. 9-palcovú pružinovú panvicu vymastíme a vysypeme múkou, pričom prebytočnú múku vyklepeme.

2. V spodnej polovici dvojitého kotla alebo v strednom hrnci priveďte do varu 2 palce vody. Vložte čokoládu do hornej polovice dvojitého kotla alebo do misky, ktorá bude pohodlne sedieť nad panvicou. Čokoládu necháme odstáť, kým nezmäkne, asi 5 minút. Miešajte do hladka.

3. Vo veľkej mise elektrickým mixérom pri strednej rýchlosti vyšľaháme žĺtky a 1/3 šálky cukru do hustej a svetložltej farby, asi 5 minút. Primiešame pomarančový likér. Vmiešame čokoládu, orechy a pomarančovú kôru.

4. Vo veľkej čistej miske mixéra vyšľaháme bielka pri strednej rýchlosti do peny. Postupne zašľaháme zvyšnú 1/3 šálky cukru. Zvýšte rýchlosť a šľahajte, kým bielka nie sú lesklé a nevytvoria sa mäkké vrcholy, asi 5 minút. Gumenou stierkou vmiešame 1/3 vyšľahaných bielkov do čokoládovej zmesi, aby sa zosvetlila. Postupne zložte zvyšok.

5. Cesto vyškrabte do pripravenej panvice. Pečte 45 minút, alebo kým koláč nie je po okrajoch stuhnutý, ale stále mierne vlhký, keď do stredu zapichnete špáradlo.

6. Koláč úplne ochlaďte v panvici na mriežke. Prejdite tenkou kovovou špachtľou po vnútornej strane panvice, aby ste ju uvoľnili. Odstráňte okraj a položte koláč na servírovací tanier.

Tesne pred podávaním koláč posypeme cukríkovým cukrom. Podávajte pri izbovej teplote. Uchovávajte prikryté veľkou obrátenou miskou v chladničke až 3 dni.

www.ingramcontent.com/pod-product-compliance
Lightning Source LLC
Chambersburg PA
CBHW071430080526
44587CB00014B/1789